Opowiadania po Francusku dla Początkujących

Daria Gałek

Spis treści

Wstęp

Witaj w książce "Opowiadania po Francusku dla Początkujących". Ta wyjątkowa kolekcja zawiera 40 opowiadań, które zostały starannie wybrane, aby pomóc Ci w nauce języka francuskiego. Każde opowiadanie jest przetłumaczone na polski, co ułatwia zrozumienie i śledzenie historii. Ponadto, po każdym opowiadaniu znajdziesz ćwiczenia wraz z odpowiedziami, które pomogą Ci utrwalić zdobytą wiedzę.

Opowiadania zawarte w tej książce są zróżnicowane tematycznie i stopniem trudności, ale wszystkie są dostosowane do poziomu początkującego. Znajdziesz tu historie codzienne, a także bardziej emocjonujące przygody. Każde opowiadanie ma na celu rozwinięcie Twojej znajomości języka francuskiego w sposób przyjemny i angażujący.

Ćwiczenia, które towarzyszą każdemu opowiadaniu, zostały zaprojektowane tak, aby sprawdzić Twoje zrozumienie tekstu i pomóc Ci w nauce nowych słów oraz struktur gramatycznych. Dzięki nim będziesz mógł systematycznie rozwijać swoje umiejętności językowe.

Mam nadzieję, że ta książka stanie się dla Ciebie nie tylko narzędziem do nauki, ale także źródłem radości i satysfakcji z poznawania nowego języka.

Bonne chance et bonne lecture!

Rady dla Uczących się Czytać Opowiadania po Francusku

Czytanie opowiadań po francusku może być zarówno przyjemne, jak i bardzo skuteczne w nauce nowego języka. Aby w pełni skorzystać z zawartych w tej książce opowiadań, warto zastosować kilka prostych, ale skutecznych strategii. Oto kilka rad, które mogą Ci pomóc:

1. Czytaj na głos: Czytanie na głos pomaga w poprawie wymowy i płynności. Usłyszysz, jak brzmią słowa i zdania, co jest niezwykle pomocne w nauce języka obcego.

2. Nie bój się popełniać błędów: Nauka nowego języka to proces, w którym popełnianie błędów jest naturalne i nieuniknione. Każdy błąd to okazja do nauki i poprawy.

3. Skup się na zrozumieniu ogólnego sensu: Na początku nie musisz rozumieć każdego słowa. Skoncentruj się na zrozumieniu ogólnego sensu opowiadania. Z czasem zrozumiesz coraz więcej szczegółów.

4. Wykorzystaj tłumaczenie: Każde opowiadanie w tej książce jest przetłumaczone na polski. Korzystaj z tłumaczeń, aby lepiej zrozumieć tekst francuski, ale staraj się najpierw przeczytać oryginalny tekst, zanim spojrzysz na tłumaczenie.

5. Rób notatki: Zapisuj nowe słowa i zwroty, które napotkasz podczas czytania. W ten sposób możesz do nich wracać i utrwalać swoją wiedzę.

6. Uzupełniaj ćwiczenia po każdym opowiadaniu: Ćwiczenia są kluczowym elementem nauki. Rozwiązuj je starannie, aby sprawdzić swoje zrozumienie tekstu i utrwalić nowe słownictwo oraz struktury gramatyczne.

7. Czytaj regularnie: Regularność jest kluczem do sukcesu w nauce języka. Staraj się czytać codziennie, nawet jeśli to tylko kilka minut. Regularne czytanie pomoże Ci stopniowo rozwijać umiejętności językowe.

8. Powtarzaj czytanie: Nie bój się wracać do przeczytanych już opowiadań. Powtarzanie pomoże Ci lepiej zrozumieć tekst i utrwalić nowe słowa oraz struktury gramatyczne.

9. Korzystaj z kontekstu: Jeśli napotkasz trudne słowo, spróbuj zgadnąć jego znaczenie na podstawie kontekstu. To umiejętność, która bardzo przyda Ci się w nauce języka.

10. Miej cierpliwość: Nauka języka to proces, który wymaga czasu. Bądź cierpliwy i konsekwentny, a z pewnością zauważysz postępy.

Pamiętaj, że nauka języka to nie tylko zdobywanie wiedzy, ale także czerpanie radości z odkrywania nowej kultury i sposobów wyrażania się.

Chapitre 1. Journée à l'École / Dzień w Szkole

Emma s'est réveillée tôt comme tous les matins. Elle s'est habillée rapidement et est allée à la salle à manger pour prendre son petit déjeuner. Sa mère avait déjà préparé des toasts avec de la confiture et un verre de lait chaud.

"Dépêche-toi, Emma! Tu ne veux pas être en retard à l'école encore une fois", dit sa mère en ramassant les assiettes.

Emma acquiesça et mit ses livres dans son sac à dos. Elle quitta la maison et marcha quelques rues jusqu'à l'école. Dans la cour, certains de ses amis jouaient déjà.

La cloche sonna et tous les enfants se mirent en file pour entrer dans le bâtiment. Le premier cours était les mathématiques. Emma prêta beaucoup d'attention pendant que la maîtresse expliquait les additions et les soustractions au tableau.

Après, ils eurent une heure de récréation. Emma et ses amies jouèrent à la marelle et prirent un petit goûter.

Les cours suivants étaient la lecture et les sciences naturelles. Emma aimait beaucoup apprendre sur les animaux et les plantes.

Quand la cloche de sortie sonna, Emma ramassa ses affaires et se dirigea vers la porte principale. Sa mère l'attendait déjà pour rentrer ensemble à la maison.

***

Ana obudziła się wcześnie jak każdego ranka. Szybko się ubrała i poszła do jadalni na śniadanie. Jej mama już przygotowała tosty z dżemem i szklankę ciepłego mleka.

"Pospiesz się, Ana! Nie chcesz znowu spóźnić się do szkoły", powiedziała jej mama, zbierając talerze.

Emma skinęła głową i włożyła książki do plecaka. Wyszła z domu i przeszła kilka przecznic, aż dotarła do szkoły. Na boisku niektórzy z jej przyjaciół już się bawili.

Zadzwonił dzwonek i wszystkie dzieci ustawiły się w kolejce, aby wejść do budynku. Pierwszą lekcją była matematyka. Emma uważnie słuchała, gdy nauczycielka wyjaśniała dodawanie i odejmowanie na tablicy.

Potem mieli godzinę przerwy. Emma i jej koleżanki grały w klasy i jadły małą przekąskę.

Następne lekcje to były czytanie i przyroda. Emma bardzo lubiła uczyć się o zwierzętach i roślinach.

Kiedy zadzwonił dzwonek na koniec zajęć, Emma zebrała swoje rzeczy i skierowała się do głównego wejścia. Jej mama już na nią czekała, aby razem wrócić do domu.

Chapitre 2. Une Promenade dans le Parc / Spacer po Parku

Olivia et sa maman sont sorties de la maison et ont marché jusqu'au parc voisin. C'était une journée ensoleillée et chaude. Le parc était rempli de gens profitant du beau temps.

Elles ont vu de petits enfants jouer sur les balançoires et courir sur l'herbe verte et douce. Les oiseaux chantaient des chansons joyeuses dans les branches des grands arbres. Des fleurs aux couleurs vives ornaient les sentiers du parc.

La maman montra un écureuil grimpant sur le tronc rugueux d'un grand chêne. "Regarde cet écureuil, Olivia!" dit-elle avec un sourire. Olivia observa avec ses grands yeux le petit animal se déplacer avec agilité.

Elles continuèrent à marcher et arrivèrent à une fontaine d'eau cristalline. Olivia prit quelques pièces de monnaie de sa poche et les jeta dans l'eau, fermant les yeux pour faire un vœu. Ensuite, elles continuèrent à explorer les recoins du parc.

Elles ont vu des papillons voltiger de fleur en fleur, butinant le doux nectar. Le parfum des fleurs printanières imprégnait l'air frais. Dans la cime d'un arbre feuillu, elles aperçurent un nid d'oiseaux entre les branches. La maman expliqua à Olivia à voix basse qu'elles devaient marcher en silence pour ne pas effrayer les oiseaux. Olivia acquiesça, émerveillée par la beauté naturelle qui les entourait.

***

Olivia i jej mama wyszły z domu i poszły w kierunku pobliskiego parku. Był to słoneczny i gorący dzień. Park był pełen ludzi korzystających z dobrej pogody.

Zobaczyły małe dzieci bawiące się na huśtawkach i biegnące po zielonym i miękkim trawniku. Ptaki śpiewały radosne piosenki między gałęziami wysokich drzew. Kolorowe kwiaty ozdabiały ścieżki parku.

Mama wskazała wiewiórkę wspinającą się po chropowatym pniu dużego dębu. "Popatrz na tamtą wiewiórkę, Mario!", powiedziała z uśmiechem. Olivia obserwowała z wielkimi oczami małe zwierzątko poruszające się zwinne.

Kontynuowały spacer i dotarli do fontanny z krystalicznie czystą wodą. Olivia wzięła kilka monet z kieszeni i wrzuciła je do wody, zamykając oczy, aby złożyć życzenie. Następnie kontynuowały odkrywanie zakątków parku.

Zobaczyły motyle fruwające z kwiatu na kwiat, pijące słodki nektar. Aromat kwiatów wiosennych napełniał świeże powietrze. Na szczycie gęstego drzewa dostrzegli gniazdo ptaków między gałęziami. Mama tłumaczyła Marii cicho, żeby chodziły bezszelestnie, aby nie przestraszyć ptaków. Olivia skinęła głową, zachwycona naturalnym pięknem, które ich otaczało.

Chapitre 3. Faire les Courses au Supermarché / Zakupy w Supermarkecie

Sacha avait besoin d'acheter quelques choses pour son nouvel appartement. Il est allé au supermarché près de chez lui.

En entrant, il a pris un chariot. Il est d'abord allé au rayon des fruits et légumes. Il a vu beaucoup d'options fraîches. Il a choisi quelques pommes rouges, des bananes jaunes et des carottes orange. Il les a mises dans le chariot.

Ensuite, il est passé au rayon des viandes. Il a vu du poulet, du bœuf et des saucisses. Il a décidé de prendre un peu de poulet et quelques saucisses pour préparer des repas simples. Il les a ajoutés au chariot.

Puis, il est allé au rayon des produits laitiers. Il a pris un carton de lait, un paquet de fromage et un yaourt à la fraise. Il a continué à marcher dans le supermarché.

Au rayon boulangerie, il a vu des pains fraîchement cuits. Il a choisi un pain complet et quelques petits pains sucrés. Il les a mis soigneusement dans le chariot.

Quand il a terminé d'acheter tout ce dont il avait besoin, il s'est dirigé vers les caisses. Il y avait une longue file d'attente, mais elle avançait rapidement. Quand ce fut son tour, il a mis tous les articles sur le tapis roulant.

La caissière a passé chaque produit au scanner. Sacha a payé avec sa carte de débit. La caissière lui a remis les sacs avec ses achats. Sacha est sorti du supermarché content d'avoir réussi à faire ses courses.

***

Sacha potrzebował kupić kilka rzeczy do swojego nowego mieszkania. Poszedł do pobliskiego supermarketu.

Kiedy wszedł, wziął wózek na zakupy. Najpierw poszedł do działu owoców i warzyw. Widział wiele świeżych opcji. Wybrał kilka czerwonych jabłek, żółtych bananów i pomarańczowych marchewek. Włożył je do wózka.

Następnie przeszedł do działu mięsa. Zobaczył kurczaka, wołowinę i kiełbaski. Zdecydował się wziąć trochę kurczaka i kilka kiełbasek, żeby zrobić proste posiłki. Dodał je do wózka.

Potem poszedł do działu nabiału. Wziął karton mleka, paczkę sera i jogurt truskawkowy. Kontynuował spacer po supermarkecie.

Na dziale pieczywa zobaczył świeżo wypieczone chleby. Wybrał chleb pełnoziarnisty i kilka słodkich bułek. Ostrożnie włożył je do wózka.

Kiedy skończył kupować wszystko, czego potrzebował, udał się do kas. Była długa kolejka, ale poruszała się szybko. Kiedy przyszła jego kolej, położył wszystkie produkty na taśmie.

Kasjerka zeskanowała każdy produkt. Sacha zapłacił kartą debetową. Kasjerka wręczyła mu torby z zakupami. Sacha

wyszedł ze sklepu zadowolony, że udało mu się pomyślnie
zrobić zakupy.

Chapitre 4. La Famille de Corentin / Rodzina Corentina

Corentin a une petite famille mais heureuse. Chez lui, vivent son père Noé, sa mère Ambre, sa sœur Sophie et sa grand-mère Anaïs.

Noé est grand et a les cheveux courts et noirs. C'est un homme travailleur et responsable. En plus de cuisiner, il aime réparer des choses autour de la maison. Il est toujours prêt à aider les autres. Pendant son temps libre, il aime regarder des matchs de football à la télévision.

Ambre est gentille et affectueuse, et elle est toujours prête à écouter ses enfants. En plus d'être professeure, c'est une excellente cuisinière et elle prépare souvent de délicieuses recettes pour la famille. Elle aime cultiver des plantes dans le jardin et enseigner à ses enfants sur la nature.

Sophie est une petite fille très énergique et curieuse. Elle est toujours prête à explorer et à découvrir de nouvelles choses. Elle adore dessiner et faire des bricolages. Elle est très créative et ses parents sont toujours surpris par ses idées innovantes.

Anaïs est le cœur de la famille. Elle a toujours un sourire sur le visage et un sage conseil à donner. En plus de faire des biscuits, elle aime tricoter et faire du crochet. Ses petits-enfants adorent écouter ses histoires sur le passé et apprendre de son expérience.

Ensemble, ils forment une équipe forte et unie qui fait face aux défis et célèbre les joies de la vie.

***

Corentin ma małą, ale szczęśliwą rodzinę. W ich domu mieszkają tata Noé, mama Ambre, siostra Sophie i babcia Anaïs.

Noé jest wysoki i ma krótkie, czarne włosy. Jest pracowitym i odpowiedzialnym mężczyzną. Oprócz gotowania lubi naprawiać rzeczy wokół domu. Zawsze chętnie pomaga innym. W wolnym czasie lubi oglądać mecze piłki nożnej w telewizji.

Ambre jest miła i serdeczna, zawsze gotowa wysłuchać swoich dzieci. Oprócz bycia nauczycielką, jest doskonałą kucharką i często przygotowuje pyszne potrawy dla rodziny. Lubi uprawiać rośliny w ogrodzie i uczyć swoje dzieci o naturze.

Sophie jest bardzo energicznym i ciekawskim dzieckiem. Zawsze gotowa jest odkrywać nowe rzeczy. Uwielbia rysować i wykonywać prace plastyczne. Jest bardzo kreatywna, a jej rodzice zawsze są zaskoczeni jej innowacyjnymi pomysłami.

Anaïs jest sercem rodziny. Zawsze ma uśmiech na twarzy i mądry poradnik do udzielenia. Oprócz pieczenia ciasteczek, lubi też robić na drutach i szydełkować. Jej wnuki uwielbiają słuchać jej opowieści o przeszłości i uczyć się z jej doświadczenia.

Razem tworzą silny i zjednoczony zespół, który stawia czoło wyzwaniom i celebruje radości życia.

Chapitre 5. L'Anniversaire de Nathan / Urodziny Nathana

Nathan est très excité parce qu'aujourd'hui, c'est son anniversaire. Il va avoir sept ans et il veut le célébrer avec ses amis de l'école. Depuis la semaine dernière, il raconte à tous ses camarades qu'il va organiser une grande fête d'anniversaire chez lui.

La maman de Nathan a préparé tout pour la fête. Elle a acheté un grand gâteau au chocolat avec du glaçage et des bougies, des ballons de couleurs et des chapeaux d'anniversaire. Nathan a aidé à décorer la salle avec des serpentins et des affiches de "Joyeux Anniversaire".

Quand les invités sont arrivés, Nathan les a accueillis avec un grand sourire. Ils lui ont tous offert des cadeaux emballés dans des papiers brillants. Ils ont joué à cache-cache et fait des courses en sacs. Le clown faisait des tours amusants et des animaux en ballons pour les divertir.

Ensuite, tout le monde a chanté "Joyeux Anniversaire" pendant que Nathan soufflait les bougies du gâteau. Il a fait un vœu avant d'éteindre les bougies. Ensuite, ils ont distribué des parts de gâteau à tous les enfants. Chacun des invités a apprécié sa part de gâteau avec beaucoup d'enthousiasme.

À la fin, Nathan a remercié tout le monde d'être venu et d'avoir fait de son jour un moment si spécial. Il était très heureux d'avoir des amis aussi formidables.

***

Nathan jest bardzo podekscytowany, ponieważ dziś były jego urodziny. Kończy siedem lat i chce świętować je ze swoimi przyjaciółmi ze szkoły. Od zeszłego tygodnia mówił wszystkim swoim kolegom, że urządzi wielką imprezę urodzinową w swoim domu.

Mama Nathana przygotowywała wszystko na przyjęcie. Kupiła duży tort czekoladowy z lukrem i świeczkami, kolorowe balony oraz czapki urodzinowe. Nathan pomagał w dekorowaniu salonu serpentynami i plakatami "Wszystkiego najlepszego".

Kiedy goście przybyli, Nathan przywitał ich z wielkim uśmiechem. Wszyscy przynieśli prezenty zapakowane w błyszczący papier. Bawili się w chowanego i rywalizowali w biegach w workach. Klaun robił zabawne sztuczki i dmuchane zwierzątka z balonów, żeby ich zabawić.

Potem wszyscy śpiewali "Sto lat", gdy Nathan dmuchał świeczki na torcie. Złożył sobie życzenie przed zdmuchnięciem świeczek. Następnie podzielono kawałki tortu między wszystkie dzieci. Każdy z gości z wielkim entuzjazmem zajadał się swoim kawałkiem ciasta.

Na koniec Nathan podziękował wszystkim za przybycie i uczynienie jego dnia tak wyjątkowym. Był bardzo szczęśliwy, że ma tak niesamowitych przyjaciół.

Chapitre 6. Une Journée à la Plage / Dzień na Plaży

Manon s'est réveillée tôt ce matin-là, excitée à l'idée de passer une journée à la plage avec sa famille. Après le petit déjeuner, elle a préparé un sac à dos avec des serviettes, de la crème solaire et quelques jouets de plage.

Lorsqu'ils sont arrivés, le soleil brillait fort et le sable était très chaud. Manon et son petit frère Enzo ont couru vers l'eau, en riant et en éclaboussant. Leurs parents ont étendu les serviettes de plage et installé un grand parasol pour faire de l'ombre.

"Viens, Manon!" a crié Enzo depuis l'eau. "Elle est super bonne!"

Manon a rejoint son frère et ils ont joué à se poursuivre et à se recouvrir de sable. Enzo a construit un petit château de sable et Manon l'a décoré avec des coquillages qu'elle a trouvés.

Après un moment, papa les a appelés pour manger. Il a sorti des sandwiches, des fruits et des boissons fraîches d'une glacière portable. Manon a goûté de délicieuses olives et du jambon serrano pour la première fois.

"Tu aimes la nourriture, Manon?" a demandé papa en souriant.

"Oui, j'adore!" a répondu Manon avec enthousiasme.

Ils ont passé l'après-midi à bronzer, à lire des histoires et à se promener sur la plage. Manon a ramassé beaucoup de jolis coquillages comme souvenirs. Au coucher du soleil, ils ont rangé leurs affaires et sont rentrés chez eux, fatigués mais heureux après une belle journée à la plage.

***

Manon wstała wcześnie rano tego dnia, podekscytowana dniem spędzonym na plaży z rodziną. Po śniadaniu spakowała plecak z ręcznikami, kremem do opalania i kilkoma zabawkami na plażę.

Kiedy dotarli na miejsce, słońce mocno świeciło, a piasek był bardzo gorący. Manon i jej braciszek Enzo pobiegli w stronę wody, śmiejąc się i chlapiąc. Ich rodzice rozłożyli ręczniki plażowe i postawili duży parasol, aby stworzyć cień.

"Chodź, Manon!" krzyknął Enzo z wody. "Jest świetnie!"

Manon dołączyła do swojego brata i bawili się w gonitwę i zakopywanie się w piasku. Enzo zbudował mały zamek z piasku, a Manon udekorowała go muszlami, które znalazła.

Po chwili tata zawołał ich na jedzenie. Wyciągnął kanapki, owoce i napoje z przenośnej lodówki. Manon pierwszy raz spróbowała pysznych oliwek i szynki serrano.

"Smakuje ci jedzenie, Manon?" zapytał ją uśmiechnięty tata.

"Tak, uwielbiam!" odpowiedziała Manon z entuzjazmem.

Spędzili popołudnie opalając się, czytając książki i spacerując po plaży. Manon zebrała wiele pięknych muszli na pamiątkę. O zachodzie słońca spakowali swoje rzeczy i wrócili do domu, zmęczeni, ale szczęśliwi po pięknym dniu na plaży.

Chapitre 7. À la Gare / Na Stacji Kolejowej

Amélie et sa famille vont voyager en train pour rendre visite à leurs grands-parents. Amélie se réveille tôt et s'habille confortablement, en pantalon et en t-shirt léger.

Lorsqu'ils arrivent à la gare, il y a beaucoup de gens qui marchent de gauche à droite avec des valises et des bagages. Amélie regarde autour d'elle avec excitation, observant les grands horloges qui indiquent l'heure d'arrivée et de départ des trains.

Son père s'approche du guichet pour acheter les billets. Une dame aimable en uniforme bleu leur sourit et les aide à choisir les sièges appropriés.

Après avoir acheté les billets, la famille se dirige vers le quai où ils attendront leur train. Amélie et son petit frère, Daniel, s'amusent à compter les wagons du train garé sur la voie. "Un, deux, trois, quatre..." comptent-ils à voix haute, en riant lorsqu'ils perdent le fil.

Leur maman leur achète des friandises au stand de la gare. Amélie choisit des biscuits aux pépites de chocolat, tandis que Daniel préfère des bonbons gélifiés. Ils mangent leurs friandises tout en attendant, savourant chaque bouchée sucrée.

Soudain, ils entendent un sifflet fort et le train commence à avancer lentement vers le quai. "Il arrive!" crie Amélie, sautant d'excitation. La famille se lève, prête à monter à bord et à commencer leur voyage en train excitant.

***

Amélie i jej rodzina zamierzają podróżować pociągiem, aby odwiedzić swoich dziadków. Amélie wstaje wcześnie i ubiera się wygodnie, w spodnie i lekką koszulkę.

Kiedy docierają na dworzec kolejowy, jest tam wiele osób przechadzających się tam i z powrotem z walizkami i bagażem. Amélie z ekscytacją rozgląda się dookoła, obserwując duże zegary, które pokazują godziny przyjazdu i odjazdu pociągów.

Jej tata podchodzi do okienka, aby kupić bilety. Przyjazna pani w niebieskim mundurze uśmiecha się do nich i pomaga im wybrać odpowiednie miejsca.

Po zakupie biletów rodzina kieruje się na peron, gdzie będą czekać na swój pociąg. Amélie i jej młodszy brat, Daniel, zabawiają się liczeniem wagonów pociągu, który stoi na torze. "Jeden, dwa, trzy, cztery..." liczą głośno, śmiejąc się, gdy tracą rachubę.

Ich mama kupuje im przekąski w stoisku na dworcu. Amélie wybiera ciasteczka z kawałkami czekolady, podczas gdy Daniel woli cukierki żelki. Jedzą swoje przekąski, delektując się słodkimi kęsami.

Nagle słyszą głośny gwizd i pociąg zaczyna się powoli poruszać w kierunku peronu. "Już idzie!" krzyczy Amélie, skacząc z radości. Rodzina wstaje, gotowa do wejścia na pokład i rozpoczęcia ekscytującej podróży pociągiem.

Chapitre 8. Mon Animal de Compagnie / Mój Zwierzak

Mon animal de compagnie s'appelle Coco. C'est un tout petit chien très mignon. Il a le pelage court de couleur marron foncé et de grands yeux noirs qui brillent beaucoup.

Coco adore jouer et courir. Quand je rentre à la maison après l'école, il vient toujours me saluer en remuant la queue avec beaucoup de joie. Il aime poursuivre une balle rouge dans le parc et me la ramène pour que je la lui lance à nouveau.

Le jouet préféré de Coco est un os en plastique rouge. Il le prend dans sa bouche et le transporte partout dans la maison. C'est très amusant de le voir courir avec l'os et le secouer pour faire du bruit. Parfois, il le cache même sous les meubles.

Après avoir joué autant, Coco aime se reposer. Il se pelotonne dans son petit lit et s'endort tout de suite. Parfois, il ronfle un peu et remue les pattes comme s'il rêvait de poursuivre quelque chose.

J'aime beaucoup passer du temps avec Coco. C'est mon meilleur ami et il est toujours là pour me donner de l'affection. Je ne peux pas imaginer ma vie sans mon petit compagnon à quatre pattes.

***

Mój zwierzak nazywa się Coco. Jest bardzo małym i uroczym pieskiem. Ma krótką, ciemnobrązową sierść i duże, czarne oczy, które bardzo mocno błyszczą.

Coco uwielbia bawić się i biegać. Kiedy wracam do domu po szkole, zawsze wita mnie, machając ogonkiem z radości. Bardzo lubi gonić czerwoną piłeczkę po parku i przynosić ją z powrotem, żeby ją jeszcze raz rzucić.

Ulubioną zabawką Coco jest czerwona plastikowa kość. Chwyta ją w pyszczek i nosi po całym domu. Bardzo zabawne jest oglądanie go, jak biegnie z kością i potrząsa nią, żeby zrobić hałas. Czasami nawet ukrywa ją pod meblami.

Po takiej zabawie Coco lubi odpocząć. Zatacza się na swoje legowisko i natychmiast zasypia. Czasami trochę chrapie i porusza nóżkami, jakby marzył, że goni za czymś.

Lubię spędzać czas z Coco. Jest moim najlepszym przyjacielem i zawsze jest ze mną, okazując mi miłość. Nie wyobrażam sobie życia bez mojego małego, czworonożnego towarzysza.

Chapitre 9. Une Journée Pluvieuse / Deszczowy Dzień

Aujourd'hui est une journée pluvieuse. Dehors, les gouttes tombent du ciel et le sol est mouillé. Nous ne pouvons pas sortir jouer dehors, mais cela ne veut pas dire que nous ne pouvons pas nous amuser à l'intérieur de la maison.

Maman, voulant nous empêcher de nous ennuyer, a sorti plusieurs livres et jeux de société des étagères et les a placés sur la table du salon. Elle nous a dit que nous pouvions choisir quelque chose que nous aimions et passer le temps à lire ou à jouer, en écoutant le bruit de la pluie sur le toit.

J'ai choisi un livre de contes de fées et je me suis assis sur le canapé avec une couverture. J'ai ouvert le livre et je me suis plongé dans les histoires magiques de princesses et de dragons.

Ma sœur, Chloé, préfère jouer à des jeux de société. Nous avons sorti l'échiquier et nous nous sommes assis devant le tableau. Elle déplace ses pièces avec précaution, réfléchissant à chaque mouvement. Parfois, elle me bat, mais je m'amuse beaucoup à jouer avec elle.

Pendant ce temps, maman est dans la cuisine en train de préparer quelque chose de délicieux pour le déjeuner. L'odeur de la soupe chaude se répand dans toute la maison et nous rend heureux.

C'est ainsi que nous passons notre journée pluvieuse, entre livres, jeux et repas réconfortants. Bien que nous ne puissions pas sortir dehors, nous sommes heureux d'être ensemble et de profiter du temps en famille.

***

Dziś jest deszczowy dzień. Na zewnątrz krople spadają z nieba, a ziemia jest mokra. Nie możemy wyjść się bawić na zewnątrz, ale to nie znaczy, że nie możemy się bawić w domu.

Mama, chcąc żebyśmy się nie nudzili, wyjęła z półek różne książki i gry planszowe i położyła je na stole w salonie. Powiedziała nam, że możemy wybrać coś, co nam się podoba, i spędzić czas, czytając lub grając, słuchając dźwięku deszczu na dachu.

Ja wybieram książkę z baśniami i siadam na sofie z kocem. Otwieram książkę i zanurzam się w magicznych historiach o księżniczkach i smokach.

Moja siostra, Chloé, woli grać w gry planszowe. Wyjmujemy szachy i siadamy przed planszą. Ona przemieszcza swoje figury ostrożnie, przemyślanie każdego ruchu. Czasami wygrywa, ale bardzo się cieszę, że mogę się z nią bawić.

Tymczasem mama jest w kuchni, przygotowując coś pysznego na obiad. Zapach gorącej zupy roznosi się po całym domu i sprawia, że czujemy się zadowoleni.

Tak spędzamy nasz deszczowy dzień, między książkami, grami i przyjemnymi posiłkami. Chociaż nie możemy wyjść na zewnątrz, cieszymy się, że jesteśmy razem i możemy spędzić czas w rodzinie.

Chapitre 10. Le Dîner à la Maison / Obiad w Domu

Un après-midi, la maman de Eliott se préparait à faire le dîner et Eliott a décidé de l'aider. Il était très excité car il aimait beaucoup être en cuisine.

Sa maman a décidé qu'ils allaient faire une grande salade, du poulet au four et du riz aux légumes. D'abord, ils sont allés au supermarché acheter les ingrédients. Ils ont acheté de la laitue, des tomates, des carottes et des concombres pour la salade. Ils ont aussi pris un poulet frais et quelques légumes pour le riz.

Quand ils sont rentrés à la maison, ils ont commencé à préparer le dîner. Eliott a lavé les légumes et les a coupés avec soin. Son papa a assaisonné le poulet avec du sel, du poivre et un peu de citron. Ensuite, il a mis le poulet au four.

Maman a fait cuire le riz dans une grande casserole et y a ajouté les légumes coupés. Toute la maison sentait délicieusement bon pendant que la nourriture cuisait.

Après une heure, le dîner était prêt. La famille a mis la table avec des assiettes, des verres et des couverts. Eliott a aidé à servir la salade et le riz. Papa a sorti le poulet du four et l'a coupé en portions.

Toute la famille s'est assise à table et a commencé à manger. "C'est délicieux!" a dit Eliott avec un sourire. Tout le monde était d'accord et a apprécié le repas ensemble.

***

Pewnego popołudnia mama Juana szykowała się do przygotowania kolacji, a Eliott postanowił jej pomóc. Był bardzo podekscytowany, ponieważ bardzo lubi być w kuchni.

Jego mama zdecydowała, że zrobią dużą sałatkę, pieczonego kurczaka i ryż z warzywami. Najpierw poszli do supermarketu, aby kupić składniki. Kupili sałatę, pomidory, marchewki i ogórki do sałatki. Kupili też świeżego kurczaka i kilka warzyw do ryżu.

Kiedy wrócili do domu, zaczęli przygotowywać kolację. Eliott umył warzywa i ostrożnie je pokroił. Jego tata przyprawił kurczaka solą, pieprzem i odrobiną cytryny. Następnie włożył kurczaka do piekarnika.

Mama ugotowała ryż w dużym garnku i dodała pokrojone warzywa. Cały dom pachniał pysznie, gdy jedzenie się gotowało.

Po godzinie kolacja była gotowa. Rodzina nakryła do stołu talerzami, szklankami i sztućcami. Eliott pomógł podać sałatkę i ryż. Tata wyjął kurczaka z piekarnika i pokroił go na porcje.

Cała rodzina usiadła przy stole i zaczęła jeść. "Jakie to wszystko pyszne!" powiedział Eliott z uśmiechem. Wszyscy się zgodzili i wspólnie cieszyli się jedzeniem.

Chapitre 11. Visite au Zoo / Wizyta w Zoo

Un dimanche matin chaud, Adam et son ami Jules ont décidé de visiter le zoo de Paris. Adam était très excité car il n'avait jamais été dans un zoo auparavant.

Quand ils sont arrivés, ils ont acheté leurs billets et sont entrés rapidement. La première chose qu'ils ont vue étaient les lions, se reposant sous le soleil.

"Regarde comme ces lions sont grands!" s'exclama Adam, les yeux grands ouverts.

Ensuite, ils se sont dirigés vers la zone des éléphants. Les énormes pachydermes gris se baignaient dans un étang d'eau.

"Ils ressemblent à des maisons qui marchent!" rit Jules, observant leurs mouvements lents et lourds.

Ensuite, ils ont visité l'habitat des singes. Les animaux espiègles sautaient de branche en branche, faisant des bruits amusants.

"Ils ressemblent à des enfants jouant dans un parc," commenta Adam.

Plus tard, ils sont allés à la volière, où ils ont vu des oiseaux aux couleurs vives volant librement. Adam observait avec fascination les perroquets aux plumes brillantes. Jules a souligné qu'ils ressemblaient à de petits arcs-en-ciel volants.

À l'heure du déjeuner, ils ont mangé des sandwiches qu'ils avaient préparés, assis dans une aire de pique-nique. Ils parlaient avec enthousiasme de tous les animaux fascinants qu'ils avaient vus jusqu'à présent.

***

W gorącą niedzielę rano, Adam i jego przyjaciel Jules postanowili odwiedzić zoo w Paryżu. Adam był bardzo podekscytowany, ponieważ nigdy wcześniej nie był w zoo.

Kiedy dotarli, kupili bilety i szybko weszli. Pierwsze, co zobaczyli, to lwy, odpoczywające pod słońcem.

"Patrz, jakie są duże te lwy!" wykrzyknął Adam, z szeroko otwartymi oczami.

Następnie udali się w kierunku słoni. Ogromne, szare ssaki kąpały się w stawie wodnym.

"Wyglądają jak chodzące domy!" śmiał się Jules, obserwując ich wolne i ciężkie ruchy.

Potem odwiedzili siedlisko małp. Psotne zwierzęta skakały z gałęzi na gałąź, wydając zabawne dźwięki.

"Wyglądają jak dzieci bawiące się w parku," skomentował Adam.

Później udali się do woliery, gdzie widzieli ptaki w jaskrawych kolorach latające swobodnie. Adam z zainteresowaniem obserwował papugi o lśniących piórach. Jules zauważył, że wyglądają jak małe, latające tęcze.

Na czas obiadu zjedli kanapki, które przygotowali, siedząc w obszarze piknikowym. Rozmawiali podekscytowani o wszystkich fascynujących zwierzętach, które dotychczas widzieli.

31

Chapitre 12. Une Journée à la Montagne / Dzień w Górach

Par une belle journée, Léo et sa famille ont décidé de partir en randonnée en montagne. Ils étaient excités à l'idée d'explorer la nature et de profiter de l'air frais.

"Allez, allons-y! Je ne veux rien manquer", dit Léo en préparant son sac à dos.

Ils sont partis tôt, emportant de la nourriture et de l'eau dans leurs sacs à dos. Léo n'a pas oublié son appareil photo pour capturer les paysages pendant le voyage.

En marchant sur le sentier, Léo a ramassé quelques fleurs sauvages et admiré le chant des oiseaux.

Après un moment, ils ont trouvé l'endroit parfait pour pique-niquer. Ils se sont assis ensemble et ont apprécié la vue des majestueuses montagnes tout en partageant leur repas.

Après le pique-nique, ils ont poursuivi leur chemin, s'émerveillant devant la beauté de la nature qui les entourait.

Finalement, ils sont arrivés au sommet d'une montagne et se sont arrêtés pour se reposer. Léo a sorti son appareil photo et a capturé la vue impressionnante.

"Papa, maman, regardez ces vues incroyables!" s'exclama Léo avec enthousiasme.

"Oui, mon fils, elles sont vraiment magnifiques", répondit son père avec un sourire.

Ils sont restés un moment de plus à profiter du paysage avant de commencer leur descente, se sentant reconnaissants pour cette merveilleuse journée en famille.

***

W piękny dzień Léo i jego rodzina zdecydowali się wybrać na wycieczkę w góry. Byli podekscytowani możliwością odkrywania natury i cieszenia się świeżym powietrzem.

"Chodźmy, chodźmy! Nie chcę niczego przegapić", powiedział Léo, pakując swój plecak.

Wyszli wcześnie, zabierając jedzenie i wodę w plecakach. Léo nie zapomniał o aparacie, żeby uchwycić krajobrazy podczas podróży.

Podczas wędrówki po ścieżce, Léo zerwał kilka dzikich kwiatów i podziwiał śpiew ptaków.

Po pewnym czasie znaleźli idealne miejsce na piknik. Usiedli razem i cieszyli się widokiem majestatycznych gór, dzieląc się jedzeniem.

Po pikniku kontynuowali swoją drogę, podziwiając piękno otaczającej ich przyrody.

Wreszcie dotarli na szczyt góry i zatrzymali się, by odpocząć. Léo wyciągnął aparat i uwiecznił imponujący widok.

"Tato, mamo, popatrzcie, jakie niesamowite widoki!" zawołał z ekscytacją Léo.

"Tak, synu, są naprawdę piękne", odpowiedział ojciec z uśmiechem.

Zostali jeszcze chwilę, podziwiając krajobraz, zanim zaczęli schodzić w dół, wdzięczni za wspaniały dzień spędzony z rodziną.

Chapitre 13. Mon Meilleur Ami / Mój Najlepszy Przyjaciel

Mon meilleur ami s'appelle Alexandre. Nous nous sommes rencontrés à l'école et depuis, nous sommes inséparables. Alexandre est grand, il a les cheveux bruns et il a toujours un sourire sur le visage.

Alexandre adore jouer au football, et moi aussi, donc nous passons beaucoup d'après-midis à nous entraîner dans le parc près de chez nous. Nous nous amusons beaucoup à courir après le ballon et à marquer des buts.

Quand nous ne jouons pas au football, nous aimons explorer le quartier à la recherche d'aventures. Nous faisons souvent du vélo sur les sentiers de la forêt voisine ou simplement nous nous promenons dans les rues de la ville, découvrant de nouveaux endroits ensemble.

En plus de nos aventures, Alexandre et moi adorons construire des choses avec des blocs de construction. Nous passons des heures à créer des châteaux, des villes et des vaisseaux spatiaux, laissant libre cours à notre imagination.

Ce que j'apprécie le plus chez Alexandre, c'est qu'il est toujours là pour moi, dans les bons comme dans les mauvais moments. Nous pouvons toujours compter l'un sur l'autre, et c'est ce qui rend notre amitié si spéciale.

***

Mój najlepszy przyjaciel nazywa się Alexandre. Poznaliśmy się w szkole i od tamtej pory jesteśmy nierozłączni. Alexandre jest wysoki, ma kasztanowe włosy i zawsze ma uśmiech na twarzy.

Alexandre uwielbia grać w piłkę nożną, tak samo jak ja, więc spędzamy wiele popołudni na treningach w parku niedaleko naszego domu. Bardzo dobrze się bawimy, biegając za piłką i strzelając gole.

Kiedy nie gramy w piłkę nożną, lubimy odkrywać okolicę w poszukiwaniu przygód. Często jeździmy na rowerze po ścieżkach pobliskiego lasu lub po prostu spacerujemy ulicami miasta, odkrywając razem nowe miejsca.

Oprócz naszych przygód, Alexandre i ja uwielbiamy budować rzeczy z klocków. Spędzamy godziny, tworząc zamki, miasta i statki kosmiczne, pozwalając naszej wyobraźni rozwijać się.

To, co najbardziej cenię w Alexandru, to to, że zawsze jest przy mnie, zarówno w dobrych, jak i złych chwilach. Zawsze możemy na siebie liczyć, i to właśnie sprawia, że nasza przyjaźń jest taka wyjątkowa.

Chapitre 14. La Fête dans le Quartier / Impreza w Sąsiedztwie

Hier soir, une fête très amusante a eu lieu. Tous les voisins se sont réunis pour célébrer ensemble. Il y avait beaucoup de musique, de délicieux plats et des danses.

La fête a commencé au coucher du soleil, lorsque les gens ont commencé à arriver au parc. Nous étions tous excités de passer un bon moment ensemble.

Les enfants jouaient et riaient, pendant que les adultes discutaient et partageaient des histoires. Bientôt, la nourriture était prête et tout le monde s'est formé en file pour se servir.

"Tu aimes les crème brûlée, Arthur? C'est ma spécialité", a dit Inès en en offrant une à son voisin.

"Bien sûr! Merci, Inès! Ça sent délicieux", a répondu Arthur, prenant une empanada et la savourant.

Après avoir mangé, la musique s'est intensifiée et tout le monde a commencé à danser. Des cercles de danse se sont formés et les gens bougeaient au rythme de la musique.

"Allez, Inès! Danse avec moi!" s'exclama Arthur, tendant la main vers sa voisine.

"Bien sûr, Arthur! J'adorerais!" répondit Inès, prenant sa main et se joignant à la danse.

La fête a duré jusqu'à tard dans la nuit, et nous avons tous beaucoup ri et nous nous sommes amusés. C'était une excellente occasion de se rassembler en tant que communauté et de célébrer l'amitié entre voisins.

***

Wczoraj wieczorem odbyła się bardzo udana impreza. Wszyscy sąsiedzi spotkali się, aby świętować razem. Było dużo muzyki, pysznego jedzenia i tańców.

Impreza rozpoczęła się o zmierzchu, gdy ludzie zaczęli gromadzić się w parku. Wszyscy byli podekscytowani, że będą miło spędzać czas razem.

Dzieci bawiły się i śmiały, a dorośli rozmawiali i dzielili się historiami. Wkrótce jedzenie było gotowe, więc wszyscy ustawili się w kolejce, aby się posilić.

"Lubisz crème brûlée, Arthur? To moje specjalność", powiedziała Inès, oferując swojemu sąsiadowi jedną.

"Oczywiście! Dziękuję, Inès! Pachnie wyśmienicie", odpowiedział Arthur, biorąc empanadę i delektując się nią.

Po posiłku muzyka stała się głośniejsza, a wszyscy zaczęli tańczyć. Powstały kręgi taneczne, a ludzie poruszali się w rytm muzyki.

"Chodź, Inès! Zatańcz ze mną!", zawołał Arthur, wyciągając rękę w stronę swojej sąsiadki.

"Oczywiście, Arthur! Z przyjemnością!", odpowiedziała Inès, biorąc go za rękę i dołączając do tańca.

Impreza trwała do późnych godzin nocnych, a wszyscy świetnie się bawiliśmy. Była to wspaniała okazja, aby zjednoczyć się jako społeczność i świętować przyjaźń między sąsiadami.

Chapitre 15. La Visite chez le Médecin / Wizyta u Lekarza

La semaine dernière, Tom a dû aller chez le médecin car il ne se sentait pas bien. Il avait mal à la tête, de la fièvre et de la toux. Son père a appelé le cabinet du médecin et a obtenu un rendez-vous pour le même jour.

Lorsqu'ils sont arrivés au cabinet, la réceptionniste leur a demandé d'attendre dans la salle d'attente. Après quelques minutes, le docteur Martin les a appelés. Tom et son père sont entrés dans le cabinet et se sont assis.

Le docteur Martin a demandé à Tom quels étaient ses symptômes. "J'ai mal à la tête, de la fièvre et beaucoup de toux", a expliqué Tom.

Le docteur a acquiescé et a ensuite pris la température de Tom. "Tu as de la fièvre, mais ce n'est pas très élevé", a dit le médecin. Ensuite, il a écouté sa poitrine avec le stéthoscope. "Tes poumons ont l'air bien, mais il semble que tu aies un gros rhume."

Le docteur Martin a prescrit à Tom un sirop contre la toux et lui a conseillé de beaucoup se reposer et de boire beaucoup d'eau. Il lui a également recommandé de rester à la maison quelques jours pour récupérer complètement.

Avant de partir, le docteur a donné à Tom une sucette pour avoir été un bon patient. Tom a souri et l'a remercié.

À la maison, Tom a suivi les conseils du médecin. Il s'est reposé, a pris son sirop et bientôt a commencé à se sentir mieux. Il était reconnaissant d'avoir consulté le médecin et d'avoir reçu le traitement approprié.

***

W zeszłym tygodniu Tom musiał iść do lekarza, ponieważ nie czuł się dobrze. Miał ból głowy, gorączkę i kaszel. Jego tata zadzwonił do przychodni i udało mu się umówić wizytę na ten sam dzień.

Kiedy dotarli do przychodni, recepcjonistka poprosiła ich, aby poczekali w poczekalni. Po kilku minutach, doktor Martin ich zawołał. Tom i jego tata weszli do gabinetu i usiedli.

Doktor Martin zapytał Toma, jakie ma objawy. "Mam ból głowy, gorączkę i silny kaszel," wyjaśnił Tom.

Doktor przytaknął i zmierzył Tomowi temperaturę. "Masz gorączkę, ale nie jest bardzo wysoka," powiedział doktor. Następnie osłuchał jego klatkę piersiową stetoskopem. "Twoje płuca brzmią dobrze, ale wygląda na to, że masz silne przeziębienie."

Doktor Martin przepisał Tomowi syrop na kaszel i powiedział, żeby dużo odpoczywał i pił dużo wody. Poradził mu także, aby został w domu przez kilka dni, aby całkowicie wyzdrowieć.

Przed wyjściem, doktor dał Tomowi lizaka za to, że był dobrym pacjentem. Tom uśmiechnął się i podziękował.

W domu, Tom przestrzegał zaleceń doktora. Odpoczywał, brał syrop i wkrótce zaczął czuć się lepiej. Był wdzięczny, że odwiedził lekarza i otrzymał odpowiednie leczenie.

45

Chapitre 16. Le Match de Football / Mecz Piłki Nożnej

Samedi après-midi, Hugo et ses amis se sont retrouvés au parc pour jouer au football.

Hugo est arrivé le premier et a marqué le terrain avec des pierres et des sacs à dos. Ensuite, ses amis Maxime, Simon, Baptiste et Matteo sont arrivés. Ils étaient très heureux et pleins d'énergie.

"Formons les équipes!" s'est exclamé Hugo avec enthousiasme.

Une fois les équipes prêtes, ils ont commencé à jouer.

Dès le début, le match a été très intense. Hugo courait vite avec le ballon, évitant les joueurs de l'autre équipe. Quand il s'est approché du but, Maxime lui a passé le ballon et Hugo a frappé fort. But! L'équipe d'Maxime a célébré avec joie.

"Bravo, Hugo!" a crié Maxime en lui tapant dans le dos.

Simon et Baptiste ont également très bien joué et ont égalisé le match. Tout le monde a beaucoup apprécié le jeu.

Le temps a filé et bientôt le soleil commençait à se coucher. Ils ont décidé que le prochain but déciderait du gagnant. Les deux équipes ont joué avec plus d'énergie et de concentration.

Finalement, Hugo a réussi à voler le ballon, a couru vers le but adverse et, avec un bon tir, a marqué le but gagnant. Son équipe l'a soulevé en l'air, célébrant sa grande performance.

"Nous avons gagné!" a crié Matteo avec un grand sourire.

Après le match, tout le monde s'est assis dans l'herbe, fatigués mais heureux. Ils ont partagé des boissons et des snacks, en riant et se remémorant les meilleurs moments du jeu.

***

W sobotę po południu Hugo i jego przyjaciele spotkali się w parku, aby zagrać w piłkę nożną.

Hugo przybył pierwszy i oznaczył boisko kamieniami i plecakami. Następnie przybyli jego przyjaciele: Maxime, Simon, Baptiste i Matteo. Byli bardzo zadowoleni i pełni energii.

"Zorganizujmy drużyny!" powiedział Hugo podekscytowany.

Po ustaleniu składów, zaczęli grać.

Od samego początku mecz był bardzo intensywny. Hugo biegł szybko z piłką, unikając zawodników przeciwnej drużyny. Gdy zbliżył się do bramki, Maxime podał mu piłkę, a Hugo mocno uderzył. Gol! Drużyna Andreasa świętowała z radością.

"Świetna robota, Hugo!" krzyknął Maxime, poklepując go po plecach.

Simon i Baptiste również świetnie grali, a mecz zakończył się remisem. Wszyscy świetnie się bawili.

Czas szybko mijał, a słońce zaczynało zachodzić. Postanowili, że kolejna bramka zadecyduje o zwycięstwie. Obie drużyny grały z większą energią i skupieniem.

W końcu Hugo udało się odebrać piłkę, pobiegł w stronę przeciwnej bramki i, po mocnym strzale, zdobył zwycięskiego gola. Jego drużyna podniosła go w górę, świętując jego wspaniały gol.

"Wygraliśmy!" krzyknął Matteo z ogromnym uśmiechem.

Po meczu wszyscy usiedli na trawie, zmęczeni, ale szczęśliwi. Podzielili się napojami i przekąskami, śmiejąc się i wspominając najlepsze momenty gry.

Chapitre 17. Ma Chambre / Mój Pokój

Ma chambre est mon endroit préféré dans la maison. Elle est petite mais très accueillante. Les murs sont d'un bleu clair, et il y a une grande fenêtre qui laisse entrer beaucoup de lumière naturelle.

Au centre de la chambre, j'ai un lit confortable avec une couette aux couleurs vives. À côté du lit, il y a une table de nuit où je laisse toujours un livre et une lampe de lecture.

Mon bureau est près de la fenêtre. C'est là que je fais mes devoirs et que je dessine. Sur le bureau, il y a quelques étagères pleines de livres, de cahiers et de mes crayons de couleur.

En face du lit, il y a une grande armoire où je range mes vêtements et mes chaussures. J'ai aussi une petite étagère où je mets mes jouets et mes figurines préférées.

Dans un coin de la chambre, j'ai un fauteuil confortable où je m'assois pour lire ou écouter de la musique. De plus, il y a un tableau en liège sur le mur où je place des photos et des notes importantes.

Ce que j'aime le plus dans ma chambre, c'est la sensation de tranquillité qu'elle me procure. C'est mon refuge, où je peux lire, étudier et rêver. J'adore passer du temps là-bas, car c'est un endroit où je me sens toujours heureux et détendu.

***

Mój pokój jest moim ulubionym miejscem w domu. Jest mały, ale bardzo przytulny. Ściany są w jasnoniebieskim kolorze, a duże okno wpuszcza dużo naturalnego światła.

W centrum pokoju mam wygodne łóżko z kolorową narzutą. Obok łóżka stoi stolik nocny, na którym zawsze trzymam książkę i lampkę do czytania.

Moje biurko znajduje się obok okna. Tam odrabiam lekcje i rysuję. Na biurku mam kilka półek pełnych książek, zeszytów i moich kolorowych ołówków.

Naprzeciwko łóżka stoi duża szafa, w której trzymam ubrania i buty. Mam też małą półkę, na której układam swoje ulubione zabawki i figurki.

W rogu pokoju mam wygodne krzesło, na którym siadam, żeby czytać lub słuchać muzyki. Na ścianie wisi korkowa tablica, na której przypinam zdjęcia i ważne notatki.

To, co najbardziej lubię w moim pokoju, to poczucie spokoju, które mi daje. Jest to moje schronienie, gdzie mogę czytać, uczyć się i marzyć. Uwielbiam spędzać tam czas, ponieważ zawsze czuję się tam szczęśliwy i zrelaksowany.

Chapitre 18. Un Voyage en Avion / Podróż Samolotem

C'était la première fois qu'Anaïs voyageait en avion. Elle était excitée mais aussi un peu nerveuse. À l'aéroport de Paris, il y avait beaucoup de monde qui allait et venait. Anaïs et sa mère faisaient la queue pour enregistrer leurs bagages.

"Quelle excitation, n'est-ce pas, ma chérie?" dit maman alors qu'elles attendaient leur tour. "Bientôt, tu seras à Paris."

Quand leur tour est venu, une hôtesse sympathique en uniforme blanc a vérifié leurs billets et leurs documents. Ensuite, elles se sont dirigées vers la porte d'embarquement où les attendait l'avion à destination de Paris. Anaïs s'est assise près du hublot et a attaché sa ceinture de sécurité. Elle regardait par la petite ouverture avec une grande anticipation.

Après quelques minutes d'attente, l'avion a commencé à rouler sur la piste. Le cœur d'Anaïs battait fort. Soudain, l'appareil a pris de la vitesse et, presque sans qu'elle s'en rende compte, elles étaient déjà dans les airs.

"Regarde quelles vues incroyables!" s'exclama Anaïs collée au hublot.

En-dessous d'eux, les maisons et les rues semblaient petites comme des jouets de construction. Les nuages étaient moelleux et blancs. Anaïs se sentait comme un oiseau traversant le ciel. Après quelques heures de vol, l'avion a descendu et a atterri doucement à l'aéroport de la capitale française. Anaïs et sa mère étaient impatientes de commencer leur aventure à Paris.

***

To była pierwsza podróż samolotem Anaïs. Była podekscytowana, ale też trochę zdenerwowana. Na lotnisku w Paryżu przewijał się tłum ludzi. Anaïs i jej mama ustawiły się w kolejce, żeby nadać bagaż.

"Jakie to ekscytujące, prawda, kochanie?" powiedziała mama, czekając na swoją kolej. "Wkrótce będziesz w Paryżu."

Gdy przyszła ich kolej, uprzejma stewardessa w białym mundurze sprawdziła ich bilety i dokumenty. Następnie udały się do bramki, gdzie czekał samolot lecący do Paryża. Anaïs usiadła przy oknie i zapięła pasy bezpieczeństwa. Spojrzała przez małe okienko z wielkim podekscytowaniem.

Po kilku minutach oczekiwania samolot zaczął się poruszać po pasie startowym. Serce Anaïs biło mocno. Nagle maszyna nabierała prędkości i niemal nie zauważyły, jak już były w powietrzu.

"Patrz, jakie niesamowite widoki!" wykrzyknęła Anaïs przyklejona do szyby.

Pod nimi domy i ulice wyglądały jak małe zabawki. Chmury były puszyste i białe. Anaïs czuła się jak ptak przemierzający niebo. Po kilku godzinach lotu samolot zaczął opadać i wylądował delikatnie na lotnisku stolicy Francji. Anaïs i jej

matka były podekscytowane rozpoczęciem swojej przygody w
Paryżu.

55

Chapitre 19. Mon Cours d'Espagnol / Moja Lekcja Hiszpańskiego

Mon cours d'espagnol est très amusant. Notre professeure s'appelle Madame Bernard. Elle est très gentille et nous aide toujours quand nous avons des doutes.

Dans ma classe, il y a dix étudiants. Mes amis sont Louise, Léa, Antoine et Charlotte. Louise est très douée en grammaire. Léa participe toujours en classe et aime parler en espagnol. Antoine est un peu timide, mais il adore apprendre de nouveaux mots de vocabulaire. Charlotte est très bonne en prononciation.

Les cours ont lieu les mardis et jeudis. Nous commençons toujours par un jeu en espagnol. Ensuite, Madame Bernard nous enseigne de nouveaux mots et des phrases. Parfois, nous regardons des vidéos en espagnol et nous pratiquons des dialogues. Nous lisons également de petites histoires et faisons des exercices dans le livre.

J'aime beaucoup mon cours d'espagnol parce que j'apprends et je m'amuse en même temps. Mes camarades de classe sont très sympathiques et nous travaillons toujours ensemble. À la fin du cours, nous faisons toujours une petite conversation en espagnol pour pratiquer ce que nous avons appris.

Je suis très heureux d'être dans ce cours et d'améliorer mon espagnol chaque jour. Je suis sûr que bientôt je parlerai couramment l'espagnol.

***

Moja lekcja hiszpańskiego jest bardzo zabawna. Nasza nauczycielka to pani Bernard. Ona jest bardzo miła i zawsze nam pomaga, kiedy mamy wątpliwości.

W mojej klasie jest dziesięciu uczniów. Moimi przyjaciółmi są Louise, Léa, Antoine i Charlotte. Louise jest bardzo dobra w gramatyce. Léa zawsze bierze udział w lekcji i lubi mówić po hiszpańsku. Antoine jest trochę nieśmiały, ale uwielbia uczyć się nowych słówek. Charlotte jest bardzo dobra w wymowie.

Lekcje są we wtorki i czwartki. Zawsze zaczynamy od gry po hiszpańsku. Potem pani Bernard uczy nas nowych słów i zwrotów. Czasami oglądamy filmy po hiszpańsku i ćwiczymy dialogi. Również czytamy krótkie opowiadania i robimy ćwiczenia w książce.

Bardzo lubię moją lekcję hiszpańskiego, ponieważ uczę się i bawię jednocześnie. Moi koledzy z klasy są bardzo przyjaźni i zawsze pracujemy razem. Na końcu lekcji zawsze prowadzimy krótką rozmowę po hiszpańsku, aby przećwiczyć to, czego się nauczyliśmy.

Jestem bardzo zadowolony, że jestem w tej klasie i codziennie poprawiam mój hiszpański. Jestem pewien, że wkrótce będę biegle mówić po hiszpańsku.

Chapitre 20. La Bibliothèque / Biblioteka

Samedi matin, Gabriel est allé à la bibliothèque. Il aime beaucoup lire et il est toujours à la recherche de nouveaux livres.

En entrant, Gabriel a salué la bibliothécaire, Madame Dubois. Elle est toujours très gentille et l'aide à trouver de bons livres. Gabriel a marché entre les étagères, regardant tous les titres.

D'abord, il est allé à la section des aventures. Il a trouvé un livre sur les pirates qui a attiré son attention. Ensuite, il est allé à la section de la science-fiction et a vu un livre sur les voyages spatiaux. Gabriel voulait aussi un livre sur les animaux, alors il est allé à la section nature.

Après avoir choisi trois livres, Gabriel est allé à une table et s'est assis. Il a ouvert le livre sur les pirates et a commencé à lire. L'histoire était très passionnante et Gabriel ne pouvait pas s'arrêter de lire. Une heure est passée et Gabriel a décidé d'emporter les trois livres chez lui.

Gabriel est allé au comptoir et Madame Dubois l'a aidé à enregistrer les livres. "Profite bien de ta lecture, Gabriel", dit-elle avec un sourire.

Gabriel est sorti de la bibliothèque très content. Il avait hâte de rentrer chez lui et de continuer à lire ses nouveaux livres. Pour lui, la bibliothèque est un endroit magique où il trouve toujours des aventures et des connaissances.

***

W sobotę rano Gabriel poszedł do biblioteki. Bardzo lubi czytać i zawsze szuka nowych książek.

Po wejściu, Gabriel przywitał się z bibliotekarką, panią Dubois. Ona zawsze jest bardzo miła i pomaga mu znaleźć dobre książki. Gabriel chodził między regałami, patrząc na wszystkie tytuły.

Najpierw poszedł do sekcji przygodowej. Znalazł książkę o piratach, która przyciągnęła jego uwagę. Potem poszedł do sekcji science fiction i zobaczył książkę o podróżach kosmicznych. Gabriel chciał także książkę o zwierzętach, więc poszedł do sekcji przyrodniczej.

Po wybraniu trzech książek, Gabriel poszedł do stołu i usiadł. Otworzył książkę o piratach i zaczął czytać. Historia była bardzo ekscytująca i Gabriel nie mógł przestać czytać. Minęła godzina i Gabriel zdecydował się zabrać trzy książki do domu.

Gabriel poszedł do lady i pani Dubois pomogła mu zarejestrować książki. "Miłej lektury, Gabriel," powiedziała z uśmiechem.

Gabriel wyszedł z biblioteki bardzo zadowolony. Nie mógł się doczekać, aż wróci do domu i będzie mógł dalej czytać swoje nowe książki. Dla niego biblioteka to magiczne miejsce, gdzie zawsze znajduje przygody i wiedzę.

Chapitre 21. Une Après-midi au Cinéma / Popołudnie w Kinie

Un après-midi, Léna et ses amis ont décidé d'aller au cinéma. Ils voulaient voir un nouveau film que tout le monde disait être très bon. Ils se sont retrouvés à l'entrée du cinéma à cinq heures de l'après-midi.

D'abord, ils ont acheté les billets au guichet. Après avoir acheté les billets, ils sont allés au stand de nourriture.

Au stand, ils ont acheté du pop-corn, des boissons et des bonbons. Léna a choisi un soda au cola et une grande boîte de pop-corn. Ses amis ont également acheté du pop-corn et différents types de bonbons. Avec la nourriture en main, ils sont entrés dans la salle de cinéma.

La salle était sombre et il y avait beaucoup de monde. Ils ont cherché leurs sièges et se sont installés confortablement. Le film a commencé et tout le monde est resté silencieux, très attentif à l'écran.

Le film était très excitant. Il y avait beaucoup de scènes d'action et les effets spéciaux étaient impressionnants. Léna et ses amis mangeaient du pop-corn tout en regardant le film. Tout le monde était très heureux et appréciait beaucoup.

Après deux heures, le film s'est terminé. Léna et ses amis sont sortis du cinéma en parlant de leurs scènes préférées. Tout le monde était d'accord pour dire que c'était une après-midi très amusante et ils ont décidé de revenir bientôt au cinéma pour voir un autre film.

***

Pewnego popołudnia Léna i jej przyjaciele postanowili iść do kina. Chcieli zobaczyć nowy film, o którym wszyscy mówili, że jest bardzo dobry. Spotkali się przy wejściu do kina o piątej po południu.

Najpierw kupili bilety w kasie. Po zakupie biletów poszli do sklepu z jedzeniem.

W sklepie kupili popcorn, napoje gazowane i słodycze. Léna wybrała colę i dużą paczkę popcornu. Jej przyjaciele również kupili popcorn i różne rodzaje słodyczy. Z jedzeniem w rękach weszli do sali kinowej.

Sala była ciemna i było w niej wiele osób. Znaleźli swoje miejsca i wygodnie usiedli. Film się zaczął i wszyscy zamilkli, bardzo skupieni na ekranie.

Film był bardzo emocjonujący. Było wiele scen akcji, a efekty specjalne były niesamowite. Léna i jej przyjaciele jedli popcorn, oglądając film. Wszyscy byli bardzo szczęśliwi i bardzo dobrze się bawili.

Po dwóch godzinach film się skończył. Léna i jej przyjaciele wyszli z kina, rozmawiając o swoich ulubionych scenach. Wszyscy zgodzili się, że to było bardzo udane popołudnie i postanowili wkrótce wrócić do kina, aby zobaczyć kolejny film.

Chapitre 22. Le Festival de Musique / Festiwal Muzyczny

Alice était très excitée parce qu'elle allait assister à un festival de musique. C'était son premier festival et elle ne pouvait pas attendre de voir ses groupes préférés. Le festival se déroulait dans un grand parc, et Alice est arrivée tôt pour trouver un bon endroit.

Le premier concert était d'un groupe de rock qu'elle aimait beaucoup. Alice a chanté toutes les chansons et a apprécié chaque minute. Ensuite, elle est allée voir un groupe de pop. La musique était joyeuse et Alice a dansé avec ses amis.

Il y avait beaucoup d'autres activités au festival. Alice et ses amis ont acheté de la nourriture aux stands et ont essayé différents types de plats. Ils ont également visité les boutiques de souvenirs et Alice a acheté un t-shirt du festival.

Le soir, le festival s'est rempli de lumières et de couleurs. Le dernier concert était le meilleur. Le groupe principal a joué toutes les chansons populaires et la foule était très animée. Alice se sentait très heureuse et a beaucoup apprécié le spectacle.

À la fin de la journée, Alice était fatiguée mais très contente. Ce fut une expérience incroyable et elle avait hâte de revenir l'année suivante. Le festival de musique a été une journée qu'elle se souviendra toujours avec affection.

***

Alice była bardzo podekscytowana, ponieważ miała uczestniczyć w festiwalu muzycznym. To był jej pierwszy festiwal i nie mogła się doczekać, aby zobaczyć swoje ulubione zespoły. Festiwal odbywał się w dużym parku, a Alice przybyła wcześnie, aby znaleźć dobre miejsce.

Pierwszy koncert był zespołu rockowego, który bardzo lubiła. Alice śpiewała wszystkie piosenki i cieszyła się każdą chwilą. Potem poszła zobaczyć grupę pop. Muzyka była wesoła, a Alice tańczyła ze swoimi przyjaciółmi.

Na festiwalu było wiele innych atrakcji. Alice i jej przyjaciele kupili jedzenie na stoiskach i spróbowali różnych potraw. Odwiedzili również sklepy z pamiątkami i Alice kupiła koszulkę festiwalową.

Wieczorem festiwal rozświetlił się światłami i kolorami. Ostatni koncert był najlepszy. Główna grupa zagrała wszystkie popularne piosenki, a tłum był bardzo podekscytowany. Alice czuła się bardzo szczęśliwa i bardzo cieszyła się występem.

Na koniec dnia Alice była zmęczona, ale bardzo zadowolona. To było niesamowite doświadczenie i nie mogła się doczekać, aby wrócić za rok. Festiwal muzyczny był dniem, który zawsze będzie wspominać z sentymentem.

Chapitre 23. Une Balade à Vélo / Wycieczka Rowerowa

Raphaël et son papa ont décidé de faire une balade à vélo en ville. Le soleil brillait et l'air était frais. Raphaël était excité d'explorer la région avec son papa.

"Papa, où allons-nous aujourd'hui?" demanda Raphaël avec enthousiasme.

"Nous irons d'abord au parc puis nous ferons une balade le long de la rivière," répondit son papa avec un sourire.

Ils montèrent sur leurs vélos et commencèrent leur aventure. Raphaël profitait du paysage pendant qu'ils pédalaient ensemble. Ils virent de grands arbres, des fleurs colorées et de nombreuses personnes heureuses se promenant.

Soudain, Raphaël vit un chemin de terre qui semblait intéressant. "Papa, pouvons-nous aller par là?" demanda-t-il.

"Bien sûr, mon fils! Allons explorer," répondit son papa avec joie.

Ils changèrent de direction et prirent le chemin de terre. Ils découvrirent une belle forêt remplie d'oiseaux chantants et de petits ruisseaux. Raphaël était ravi d'avoir trouvé un endroit si spécial.

Après un moment, ils retournèrent sur le chemin principal et continuèrent leur voyage. Raphaël se sentait heureux de passer du temps avec son papa et d'avoir vécu tant d'aventures ensemble lors de leur balade à vélo.

***

Raphaël i jego tata postanowili przejechać się rowerem po mieście. Słońce świeciło, a powietrze było świeże. Raphaël był podekscytowany możliwością zwiedzania okolicy z tatą.

"Tato, dokąd pojedziemy dziś?" zapytał Raphaël z entuzjazmem.

"Najpierw pojedziemy do parku, a potem przejedziemy się wzdłuż rzeki" odpowiedział tata z uśmiechem.

Wsiedli na rowery i rozpoczęli swoją przygodę. Raphaël podziwiał krajobraz, gdy pedałowali razem. Widzieli wysokie drzewa, kolorowe kwiaty i wiele szczęśliwych, spacerujących osób.

Nagle Raphaël zobaczył ciekawą, polną drogę. "Tato, czy możemy tam pojechać?" zapytał.

"Oczywiście, synu! Jedźmy pozwiedzać" odpowiedział tata z radością.

Zmienili kierunek i ruszyli tą drogą. Odkryli piękny las pełen śpiewających ptaków i małych strumieni. Raphaël był podekscytowany, że znaleźli tak wyjątkowe miejsce.

Po pewnym czasie wrócili na główną drogę i kontynuowali podróż. Raphaël czuł się szczęśliwy, że spędza czas z tatą i że mieli razem tyle przygód podczas ich rowerowej wyprawy.

Chapitre 24. Le Cours d'Art / Lekcja Sztuki

Juliette était excitée parce qu'aujourd'hui elle avait un cours d'art. Elle adorait peindre et créer de nouvelles choses. La professeure, Madame Moreau, avait toujours des idées intéressantes pour eux.

Quand Juliette est arrivée dans la salle de classe, elle a vu de nombreuses peintures et pinceaux sur les tables. Madame Moreau a souri et a dit "Aujourd'hui, nous allons peindre un paysage. Pensez à votre endroit préféré et peignez ce que vous voyez."

Juliette a pensé à la plage qu'elle visitait avec sa famille. Elle a pris ses pinceaux et a commencé à peindre la mer, le sable et les palmiers. Elle était très concentrée et heureuse.

Son amie Lina, qui était assise à côté d'elle, l'a regardée et a dit "Juliette, ta peinture est très jolie!"

Juliette a souri et a répondu "Merci, Lina. Je peins la plage où je vais avec ma famille."

Le cours est passé rapidement et tous les élèves ont créé de beaux paysages. Madame Moreau se promenait entre les tables, admirant le travail de chacun.

"Très bien, Juliette! J'aime beaucoup ta peinture. Aimes-tu peindre?" a demandé la professeure.

"Oui, j'adore peindre," a dit Juliette avec un grand sourire.

À la fin du cours, tout le monde a montré ses peintures. Juliette était très fière de son œuvre et avait hâte d'assister au prochain cours d'art.

***

Juliette była podekscytowana, ponieważ dzisiaj miała lekcję sztuki. Uwielbiała malować i tworzyć nowe rzeczy. Nauczycielka, pani Moreau, zawsze miała ciekawe pomysły dla nich.

Kiedy Juliette dotarła do klasy, zobaczyła wiele farb i pędzli na stołach. Pani Moreau uśmiechnęła się i powiedziała "Dziś będziemy malować pejzaż. Pomyślcie o swoim ulubionym miejscu i namalujcie to, co widzicie".

Juliette pomyślała o plaży, którą odwiedzała z rodziną. Wzięła swoje pędzle i zaczęła malować morze, piasek i palmy. Była bardzo skupiona i szczęśliwa.

Jej przyjaciółka Lina, która siedziała obok, spojrzała na nią i powiedziała: "Juliette, twój obraz jest bardzo ładny!"

Juliette uśmiechnęła się i odpowiedziała "Dziękuję, Lina. Maluję plażę, na którą jeżdżę z rodziną".

Lekcja minęła szybko, a wszyscy uczniowie stworzyli piękne pejzaże. Pani Moreau przechadzała się między stołami, podziwiając prace wszystkich.

"Bardzo dobrze, Juliette! Bardzo podoba mi się twój obraz. Lubisz malować?" zapytała nauczycielka.

"Tak, uwielbiam malować", powiedziała Juliette z wielkim uśmiechem.

Na koniec lekcji wszyscy pokazali swoje malunki. Juliette była bardzo dumna ze swojej pracy i nie mogła się doczekać kolejnej lekcji sztuki.

Chapitre 25. Un Jour de Neige / Śnieżny Dzień

Paul s'est réveillé et a regardé par la fenêtre. Tout était couvert de neige! Il était très excité. Il a mis son manteau, ses gants, son écharpe et son bonnet. Ensuite, il est sorti dans le jardin pour jouer.

D'abord, Paul a fait des boules de neige. Il a lancé quelques boules contre un arbre et a beaucoup ri. Ensuite, il a décidé de faire un bonhomme de neige. Il a pris beaucoup de neige et a commencé à former une grande boule pour le corps. Puis, il a fait une boule plus petite pour la tête.

Paul a cherché des pierres pour faire les yeux du bonhomme de neige. Il a aussi utilisé une carotte pour le nez et une vieille écharpe pour le cou. Le bonhomme de neige était très beau.

Pendant qu'il travaillait, son ami Lucas est arrivé. "Salut, Paul! Puis-je t'aider avec le bonhomme de neige?" a demandé Lucas.

"Bien sûr, Lucas! Finissons-le ensemble," a répondu Paul avec un sourire.

Les deux amis ont mis des boutons sur le bonhomme de neige pour faire la bouche. Ensuite, ils ont trouvé deux branches pour les bras. Enfin, ils ont mis un chapeau sur la tête du bonhomme de neige.

Quand le soleil a commencé à se coucher, Paul et Lucas sont rentrés à la maison. La maman de Paul leur a donné du chocolat chaud pour se réchauffer. "Merci, maman," a dit Paul, heureux et fatigué.

***

Paul obudził się i spojrzał przez okno. Wszystko było pokryte śniegiem! Był bardzo podekscytowany. Założył płaszcz, rękawiczki, szalik i czapkę. Potem wyszedł do ogrodu, żeby się pobawić.

Najpierw Paul zrobił śnieżki. Rzucał kilka śnieżek w drzewo i bardzo się śmiał. Potem postanowił ulepić bałwana. Wziął dużo śniegu i zaczął formować dużą kulę na tułów. Następnie zrobił mniejszą kulę na głowę.

Paul szukał kamieni, żeby zrobić oczy bałwana. Użył też marchewki na nos i starego szalika na szyję. Bałwan wyszedł bardzo ładnie.

Kiedy pracował, przyszedł jego przyjaciel Lucas. „Cześć, Paul! Mogę ci pomóc z bałwanem?” zapytał Lucas.

„Oczywiście, Lucas! Dokończymy go razem,” odpowiedział Paul z uśmiechem.

Dwaj przyjaciele przymocowali guziki do bałwana, żeby zrobić usta. Potem znaleźli dwie gałęzie na ręce. Na koniec założyli bałwanowi kapelusz na głowę.

Kiedy słońce zaczęło zachodzić, Paul i Lucas weszli do domu. Mama Paula dała im gorącą czekoladę, żeby się rozgrzali. „Dziękuję, mamo,” powiedział Paul, szczęśliwy i zmęczony.

Chapitre 26. Le Musée d'Histoire / Muzeum Historyczne

Baptiste a visité le musée d'histoire avec sa classe. Ils étaient très excités d'apprendre de nouvelles choses. Leur maître, Monsieur Lefevre, les a guidés à travers le musée.

D'abord, Monsieur Lefevre les a emmenés dans la salle des dinosaures. Il y avait de grands squelettes de dinosaures. Baptiste regardait avec émerveillement les énormes os.

"Ces dinosaures ont vécu il y a des millions d'années," expliqua Monsieur Lefevre. "Saviez-vous que le Tyrannosaurus Rex était l'un des plus grands?"

Ensuite, ils sont allés dans la salle des anciens Égyptiens. Ils ont vu des momies et des sarcophages. Baptiste était fasciné par les histoires des pharaons et des pyramides.

"Les pyramides étaient des tombes pour les pharaons," dit Monsieur Lefevre. "Les Égyptiens croyaient en la vie après la mort."

Puis, ils ont visité la salle du Moyen Âge. Il y avait des armures et des épées de chevaliers. Baptiste s'imaginait être un chevalier courageux combattant dans des batailles.

"Au Moyen Âge, les châteaux étaient très importants," expliqua Monsieur Lefevre. "Ils servaient de forteresses et de maisons pour les nobles."

À la fin de la visite, ils sont allés dans la salle de l'histoire moderne. Ils ont vu des objets des XIXe et XXe siècles, comme de vieilles voitures et d'anciens téléphones.

Baptiste a beaucoup appris pendant sa visite au musée. À la fin de la journée, il était content et a raconté à ses parents tout ce qu'il avait vu et appris.

***

Baptiste odwiedził muzeum historii z swoją klasą. Byli bardzo podekscytowani, aby nauczyć się nowych rzeczy. Ich nauczyciel, pan Lefevre, oprowadzał ich po muzeum.

Najpierw, pan Lefevre zabrał ich do sali z dinozaurami. Były tam wielkie szkielety dinozaurów. Baptiste patrzył z zachwytem na ogromne kości.

"Te dinozaury żyły miliony lat temu," wyjaśnił pan Lefevre. "Czy wiedzieliście, że Tyranozaur Rex był jednym z największych?"

Potem poszli do sali starożytnych Egipcjan. Zobaczyli mumie i sarkofagi. Baptiste był zafascynowany historiami faraonów i piramid.

"Piramidy były grobowcami dla faraonów," powiedział pan Lefevre. "Egipcjanie wierzyli w życie po śmierci."

Następnie odwiedzili salę średniowiecza. Były tam zbroje i miecze rycerzy. Baptiste wyobrażał sobie, że jest dzielnym rycerzem walczącym w bitwach.

"W średniowieczu zamki były bardzo ważne," wyjaśnił pan Lefevre. "Służyły jako twierdze i domy dla szlachty."

Na końcu wycieczki poszli do sali historii nowożytnej. Zobaczyli przedmioty z XIX i XX wieku, takie jak stare samochody i stare telefony.

Baptiste nauczył się dużo podczas wizyty w muzeum. Na koniec dnia był zadowolony i opowiedział rodzicom wszystko, co zobaczył i czego się nauczył.

Chapitre 27. Mon Petit-Déjeuner Préféré / Moje Ulubione Śniadanie

Mon petit-déjeuner préféré est très simple et délicieux. J'aime préparer un petit-déjeuner végétalien chaque matin. D'abord, je prends une banane et je la coupe en rondelles. Ensuite, je mets les rondelles dans un bol. Parfois, j'utilise deux bananes si j'ai très faim.

Après, j'ajoute quelques fraises fraîches et des myrtilles. J'adore les fruits parce qu'ils sont très sains et ont bon goût. Puis, je mets un peu de flocons d'avoine sur les fruits. J'aime l'avoine parce qu'elle me garde rassasié plus longtemps.

Pour rendre le petit-déjeuner plus spécial, j'ajoute une cuillère de beurre d'amandes. J'aime beaucoup le beurre d'amandes parce qu'il est crémeux et délicieux. Parfois, j'ajoute aussi quelques graines de chia par-dessus.

Enfin, j'ajoute un peu de lait d'amandes. Je préfère le lait d'amandes parce qu'il est végétalien et a un goût doux. Il donne aussi une texture douce au petit-déjeuner.

Je m'assois à table et je savoure mon petit-déjeuner. Il est très nutritif et me donne beaucoup d'énergie pour commencer la journée. Ce petit-déjeuner est mon préféré parce qu'il est facile à préparer et très bon.

***

Moje ulubione śniadanie jest bardzo proste i pyszne. Każdego ranka lubię przygotowywać wegańskie śniadanie. Najpierw biorę banana i kroję go w plastry. Czasami używam dwóch bananów, jeśli jestem bardzo głodna. Następnie wkładam plasterki do miski.

Potem dodaję kilka świeżych truskawek i jagód. Uwielbiam owoce, ponieważ są bardzo zdrowe i mają świetny smak. Następnie posypuję owoce odrobiną owsianki. Lubię owsiankę, ponieważ dają mi uczucie sytości na długo.

Aby uczynić śniadanie bardziej wyjątkowym, dodaję łyżkę masła migdałowego. Bardzo lubię masło migdałowe, ponieważ jest kremowe i pyszne. Czasami dodaję też kilka nasion chia na wierzch.

Na koniec dodaję trochę mleka migdałowego. Wolę mleko migdałowe, ponieważ jest wegańskie i ma łagodny smak. Dodaje też miękkiej tekstury śniadaniu.

Siadam do stołu i delektuję się moim śniadaniem. Jest bardzo pożywne i daje mi dużo energii na rozpoczęcie dnia. To śniadanie jest moim ulubionym, ponieważ jest łatwe do przygotowania i bardzo smaczne.

Chapitre 28. Une Journée à la Campagne / Dzień na Wsi

Émilie s'est réveillée tôt et était très excitée. Aujourd'hui, elle allait à la campagne avec sa famille. Elle a mis des vêtements confortables et a préparé un sac à dos avec de l'eau et des collations.

Lorsqu'ils sont arrivés à la campagne, Émilie a vu beaucoup d'animaux. Il y avait des vaches, des moutons et des chevaux. Émilie était heureuse de voir autant d'animaux. Elle s'est approchée d'une vache et l'a caressée. "Elle est si douce!" a dit Émilie avec un grand sourire.

Ensuite, Émilie et sa famille ont marché sur un sentier dans la forêt. Les arbres étaient grands et il y avait beaucoup de fleurs colorées. L'air était frais et pur. Émilie a respiré profondément et s'est sentie très bien.

À midi, ils se sont assis sous un grand arbre pour déjeuner. Ils ont mangé des sandwiches et des fruits frais. Pendant qu'ils mangeaient, ils ont entendu le chant des oiseaux. C'était un son très agréable.

Après le déjeuner, Émilie a joué avec son petit frère. Ils ont couru dans le champ et ont ramassé des fleurs. Émilie a fait une couronne de fleurs et l'a mise sur sa tête. Elle se sentait comme une reine de la campagne.

À la fin de la journée, Émilie et sa famille sont rentrées à la maison. Émilie était fatiguée mais très heureuse. Elle avait passé une merveilleuse journée à la campagne, entourée d'animaux et de nature. "Je pourrais vivre ici", pensa Émilie en s'endormant.

***

Émilie obudziła się wcześnie i była bardzo podekscytowana. Dziś miała jechać na wieś z rodziną. Założyła wygodne ubrania i przygotowała plecak z wodą i przekąskami.

Kiedy dotarli na wieś, Émilie zobaczyła wiele zwierząt. Były tam krowy, owce i konie. Émilie była szczęśliwa, widząc tyle zwierząt. Podeszła do krowy i pogłaskała ją. "Jest taka miękka!" powiedziała Émilie z szerokim uśmiechem.

Następnie Émilie i jej rodzina poszli na spacer ścieżką w lesie. Drzewa były wysokie, a kwiaty kolorowe. Powietrze było świeże i czyste. Émilie wzięła głęboki oddech i poczuła się bardzo dobrze.

W południe usiedli pod dużym drzewem, aby zjeść obiad. Jedli kanapki i świeże owoce. Podczas jedzenia słuchali śpiewu ptaków. To był bardzo piękny dźwięk.

Po obiedzie Émilie bawiła się z młodszym bratem. Biegali po polu i zbierali kwiaty. Émilie zrobiła wianek z kwiatów i założyła go na głowę. Poczuła się jak królowa wsi.

Pod koniec dnia Émilie i jej rodzina wrócili do domu. Émilie była zmęczona, ale bardzo szczęśliwa. Miała cudowny dzień na wsi, otoczona zwierzętami i naturą. "Mogłabym tam zamieszkać", pomyślała Émilie, zasypiając.

Chapitre 29. La Visite chez le Dentiste / Wizyta u Dentysty

Mathis avait un rendez-vous chez le dentiste. Il était un peu effrayé parce qu'il n'aimait pas la douleur. Sa maman lui a dit que tout irait bien et que le dentiste était très gentil.

Quand ils sont arrivés à la clinique, ils se sont assis dans la salle d'attente. Mathis a vu des magazines et quelques jouets. Il a essayé de se détendre en jouant avec une voiture jouet.

"Mathis, le dentiste t'attend," a dit l'infirmière avec un sourire.

Mathis est entré dans le cabinet. Le dentiste, le Dr Leroy, l'a salué. "Bonjour, Mathis. Ne t'inquiète pas, nous allons examiner tes dents rapidement," a dit le Dr Leroy.

Mathis s'est assis sur la grande chaise. Le Dr Leroy lui a expliqué tout ce qu'il allait faire. Il a examiné ses dents avec un petit miroir et une lumière.

"Tes dents sont en très bon état, Mathis. Tu dois juste mieux les brosser le soir," a dit le Dr Leroy.

Mathis s'est senti soulagé. Le dentiste n'a rien fait de douloureux. "Merci, docteur," a dit Mathis avec un sourire.

Après l'examen, le Dr Leroy a donné à Mathis une nouvelle brosse à dents et un petit tube de dentifrice. "N'oublie pas de te brosser les dents deux fois par jour et d'utiliser du fil dentaire," lui a-t-il conseillé.

Mathis et sa maman ont quitté la clinique. "Visiter le dentiste n'était pas si terrible," a pensé Mathis. Il était content d'avoir bien pris soin de ses dents.

***

Mathis miał wizytę u dentysty. Był trochę przestraszony, ponieważ nie lubił bólu. Jego mama powiedziała mu, że wszystko będzie dobrze i że dentysta jest bardzo miły.

Kiedy dotarli do kliniki, usiedli w poczekalni. Mathis zobaczył czasopisma i kilka zabawek. Spróbował się zrelaksować, bawiąc się samochodzikiem.

"Mathis, dentysta cię oczekuje," powiedziała pielęgniarka z uśmiechem.

Mathis wszedł do gabinetu. Dentysta, dr Leroy, przywitał go. "Cześć, Mathis. Nie martw się, szybko sprawdzimy twoje zęby," powiedział dr Leroy.

Mathis usiadł na dużym fotelu. Dr Leroy wyjaśnił mu wszystko, co zamierza zrobić. Sprawdził jego zęby małym lusterkiem i światłem.

"Twoje zęby są w bardzo dobrym stanie, Mathis. Musisz tylko lepiej je szczotkować wieczorem," powiedział dr Leroy.

Mathis poczuł ulgę. Dentysta nie zrobił nic bolesnego. "Dziękuję, doktorze," powiedział Mathis z uśmiechem.

Po przeglądzie dr Leroy dał Mathisowi nową szczoteczkę do zębów i małą tubkę pasty do zębów. "Pamiętaj, aby myć zęby dwa razy dziennie i używać nici dentystycznej," poradził mu.

Mathis i jego mama wyszli z kliniki. "Wizyta u dentysty nie była taka zła," pomyślał Mathis. Był zadowolony, że dobrze zadbał o swoje zęby.

Chapitre 30. La Foire aux Livres / Targi Książki

Pierre est allé à la foire aux livres avec sa mère. Il était très excité parce qu'il adore les livres. La foire se tenait dans un grand parc et il y avait beaucoup de stands de livres.

"Allons chercher quelques nouveaux livres pour toi," dit sa mère avec un sourire.

D'abord, ils sont allés dans un stand de livres pour enfants. Il y avait beaucoup de livres aux couleurs vives et aux jolis dessins. Pierre a vu un livre sur les dinosaures et l'a pris. "Maman, je veux ce livre," dit-il avec enthousiasme.

"Bien sûr, Pierre. Veux-tu voir d'autres livres aussi?" demanda sa mère.

Ils continuèrent à marcher dans la foire. Pierre trouva un livre d'aventures qui lui plaisait beaucoup aussi. "Maman, puis-je avoir celui-ci aussi?" demanda-t-il.

"Oui, tu peux avoir les deux," répondit sa mère. "C'est important de lire et d'apprendre de nouvelles choses."

Après avoir acheté les livres, Pierre et sa mère se sont assis sur un banc. Pierre commença à lire son nouveau livre sur les dinosaures. Il était très heureux et apprécia beaucoup la foire aux livres.

"J'adore la foire aux livres," dit Pierre. "Je veux revenir l'année prochaine."

Sa mère sourit et dit "Bien sûr, Pierre. Lire est une grande aventure."

***

Pierre poszedł na targi książki ze swoją mamą. Był bardzo podekscytowany, ponieważ uwielbia książki. Targi odbywały się w dużym parku i było tam wiele stoisk z książkami.

"Poszukajmy dla ciebie kilku nowych książek," powiedziała mama z uśmiechem.

Najpierw poszli do stoiska z książkami dla dzieci. Było tam wiele książek z jasnymi kolorami i ładnymi ilustracjami. Pierre zobaczył książkę o dinozaurach i ją wziął. "Mamo, chcę tę książkę," powiedział podekscytowany.

"Oczywiście, Pierre. Chcesz zobaczyć też inne książki?" zapytała mama.

Kontynuowali spacer po targach. Pierre znalazł książkę przygodową, która również bardzo mu się spodobała. "Mamo, czy mogę mieć też tę?" zapytał.

"Tak, możesz mieć obie," odpowiedziała mama. "Ważne jest czytanie i uczenie się nowych rzeczy."

Po zakupie książek, Pierre i jego mama usiedli na ławce. Pierre zaczął czytać swoją nową książkę o dinozaurach. Był bardzo szczęśliwy i bardzo podobały mu się targi książki.

"Uwielbiam targi książki," powiedział Pierre. "Chcę wrócić w przyszłym roku."

Jego mama uśmiechnęła się i powiedziała: "Oczywiście, Pierre. Czytanie to wielka przygoda."

Chapitre 31. Une Promenade dans le Centre-Ville / Spacer po Centrum Miasta

Claude décida de passer l'après-midi dans le centre-ville. Il mit sa veste et sortit de chez lui. Le soleil brillait et il faisait beau.

D'abord, Claude marcha dans les rues pleines de magasins. Il regarda les vitrines et vit beaucoup de choses intéressantes. Il entra dans un magasin de vêtements et acheta un nouveau t-shirt.

Ensuite, Claude visita une librairie. Il adore lire, alors il passa beaucoup de temps à chercher un livre intéressant. Finalement, il en trouva un sur les aventures et l'acheta.

En sortant, Claude vit son ami. "Salut, Adrien! Que fais-tu ici?" demanda Claude.

"Salut, Claude. Je cherche un cadeau pour ma sœur. Et toi?" répondit Adrien.

"Je viens d'acheter un livre d'aventures," dit Claude avec un sourire.

Puis, Claude alla dans un café. Il commanda un café et un gâteau au chocolat. Il s'assit près de la fenêtre et profita de son goûter en observant les passants.

Enfin, Claude décida de visiter un musée. Il y avait une exposition d'art moderne. Il se promena dans les salles et admira les peintures et les sculptures.

À la fin de la journée, Claude se sentit heureux et satisfait. En rentrant chez lui, il pensa à quel point il avait apprécié passer du temps à explorer.

***

Claude zdecydował się spędzić popołudnie w centrum miasta. Założył kurtkę i wyszedł z domu. Słońce świeciło i była piękna pogoda.

Najpierw Claude spacerował po ulicach pełnych sklepów. Oglądał witryny i zobaczył wiele interesujących rzeczy. Wszedł do sklepu z ubraniami i kupił nową koszulkę.

Następnie Claude odwiedził księgarnię. Uwielbia czytać, więc spędził dużo czasu, szukając interesującej książki. W końcu znalazł książkę o przygodach i kupił ją.

Przy wyjściu Claude zobaczył swojego przyjaciela Adriena. "Cześć, Adrien! Co tu robisz?" zapytał Claude.

"Cześć, Claude. Szukam prezentu dla mojej siostry. A ty?" odpowiedział Adrien.

"Właśnie kupiłem książkę o przygodach." powiedział Claude z uśmiechem.

Potem Claude poszedł do kawiarni. Zamówił kawę i ciasto czekoladowe. Usiadł przy oknie i delektował się podwieczorkiem, obserwując przechodzących ludzi.

Na koniec Claude postanowił odwiedzić muzeum. Była tam wystawa sztuki nowoczesnej. Spacerował po salach i podziwiał obrazy i rzeźby.

Pod koniec dnia Claude czuł się szczęśliwy i zadowolony. Wracając do domu, pomyślał o tym, jak przyjemnie było spędzać czas na zwiedzaniu.

Chapitre 32. Une Journée à l'Océanarium / Dzień w Oceanarium

Mathilde et ses amis de classe décidèrent d'aller à l'océanarium lors d'une excursion scolaire. Ils étaient excités de voir les poissons et autres créatures marines. Quand ils arrivèrent à l'océanarium, ils se dirigèrent directement vers les grands aquariums remplis de poissons colorés.

"Regarde comme ils sont beaux!" s'exclama Mathilde en montrant les poissons nageant.

Ses amis acquiescèrent, enthousiastes, et commencèrent à nommer les différents types de poissons qu'ils voyaient. Ils passèrent beaucoup de temps à admirer les aquariums et à observer comment les poissons se déplaçaient.

Après avoir vu les poissons, ils allèrent dans une zone où ils pouvaient toucher des étoiles de mer et des oursins. Mathilde fut surprise de sentir à quel point certaines de ces créatures étaient douces.

"C'est tellement incroyable!" dit Mathilde en touchant une étoile de mer.

Ils terminèrent leur visite par une présentation sur les requins. Mathilde et ses amis s'assirent ensemble et écoutèrent attentivement pendant qu'on leur parlait des différents types de requins et de leur comportement dans l'océan.

À la fin de la journée, Mathilde et ses amis étaient épuisés mais heureux. Ils avaient passé une journée incroyable à l'océanarium, pleine de découvertes passionnantes et d'expériences mémorables.

***

Mathilde i jej koledzy z klasy postanowili wybrać się na wycieczkę do oceanarium. Byli podekscytowani możliwością zobaczenia ryb i innych morskich stworzeń. Kiedy dotarli do oceanarium, od razu udali się do dużych akwariów pełnych kolorowych ryb.

"Patrz, jakie piękne!" zawołała Mathilde, wskazując na pływające ryby.

Jej koledzy zgodnie kiwali głowami z podnieceniem i zaczęli nazywać różne rodzaje ryb, które widzieli. Spędzili wiele czasu podziwiając akwaria i obserwując, jak ryby się poruszają.

Po obejrzeniu ryb udali się do strefy, w której mogli dotykać rozgwiazd i jeżowców. Mathilde była zaskoczona, jak miękkie mogą być niektóre z tych stworzeń.

"To naprawdę niesamowite!" powiedziała Mathilde, dotykając jednej z rozgwiazd.

Zakończyli swoją wizytę prezentacją o rekinach. Mathilde i jej koledzy siedzieli razem, słuchając uważnie, gdy opowiadano im o różnych rodzajach rekinów i jak zachowują się w oceanie.

Na koniec dnia Mathilde i jej przyjaciele byli zmęczeni, ale szczęśliwi. Spędzili niesamowity dzień w oceanarium, pełen ekscytujących odkryć i niezapomnianych przeżyć.

95

Chapitre 33. La Fête de Fin d'Année / Impreza na Zakończenie Roku

La fête de fin d'année allait commencer. Pauline et Alphonse étaient très excités. Ils avaient invité leurs amis chez eux pour célébrer ensemble.

"Cette année va être incroyable!" dit Pauline en décorant le salon avec des guirlandes et des ballons. Alphonse préparait la musique et les lumières.

À dix heures du soir, les amis commencèrent à arriver. Éva, François, Bernadette, et Hubert arrivèrent avec de la nourriture et des boissons. "Bonne année en avance!" dit Bernadette en embrassant Pauline.

Tous s'assirent à table et dégustèrent un délicieux dîner. "La nourriture est délicieuse, Pauline," dit François. Après le dîner, ils commencèrent à danser et à rire.

Il ne restait que quelques minutes avant minuit. Tout le monde se réunit devant la télévision pour regarder le compte à rebours. "Dix, neuf, huit...!" comptèrent-ils à haute voix. À minuit, tous mangèrent leurs raisins et s'embrassèrent. "Bonne année!" criaient-ils. Ensuite, ils sortirent dans le jardin pour voir les feux d'artifice.

Pauline et Alphonse étaient très heureux d'avoir passé une fin d'année si spéciale avec leurs amis. "Cette année va être géniale," dit Alphonse en embrassant Pauline.

***

Impreza sylwestrowa miała się właśnie rozpocząć. Pauline i Alphonse byli bardzo podekscytowani. Zaprosili swoich przyjaciół do domu, aby wspólnie świętować.

„Ten rok będzie niesamowity!" powiedziała Pauline, dekorując salon girlandami i balonami. Alphonse przygotowywał muzykę i światła.

O dziesiątej wieczorem zaczęli przychodzić przyjaciele. Éva, François, Bernadette i Hubert przyszli z jedzeniem i napojami. „Szczęśliwego Nowego Roku z wyprzedzeniem!" powiedziała Bernadette, obejmując Laurę.

Wszyscy usiedli przy stole i cieszyli się pyszną kolacją. „Jedzenie jest pyszne, Pauline," powiedział François. Po kolacji zaczęli tańczyć i śmiać się.

Zostało tylko kilka minut do północy. Wszyscy zgromadzili się przed telewizorem, aby oglądać odliczanie. „Dziesięć, dziewięć, osiem...!" liczyli głośno. O północy wszyscy zjedli swoje winogrona i objęli się. „Szczęśliwego Nowego Roku!" krzyczeli. Potem wyszli do ogrodu, aby oglądać fajerwerki.

Pauline i Alphonse byli bardzo zadowoleni, że spędzili taki wyjątkowy sylwester ze swoimi przyjaciółmi. „To będzie wspaniały rok," powiedział Alphonse, obejmując Pauline.

Chapitre 34. Le Cours de Musique / Lekcja Muzyki

Véronique était très excitée par son cours de musique. Elle aimait beaucoup apprendre à jouer des instruments. Aujourd'hui, son professeur, Monsieur Blanche, allait leur apprendre à jouer de la flûte.

"Bonjour, classe," dit Monsieur Blanche. "Aujourd'hui, nous allons apprendre à jouer de la flûte. Prenez chacun une flûte sur la table."

Véronique prit sa flûte et s'assit sur sa chaise. Monsieur Blanche leur montra comment tenir la flûte et comment souffler pour produire un son.

"Tout d'abord, nous mettons les doigts ici et ici," expliqua Monsieur Blanche en montrant les trous de la flûte. "Ensuite, nous soufflons doucement."

Véronique essaya de suivre les instructions. Au début, elle n'arriva pas à faire de son, mais Monsieur Blanche l'aida.

"Essaie encore, Véronique," dit Monsieur Blanche. "N'oublie pas de souffler doucement."

Véronique réessaya et, cette fois, elle produisit un son. Elle était très heureuse.

"Très bien, Véronique !" dit Monsieur Blanche. "Maintenant, nous allons apprendre une chanson simple."

Monsieur Blanche joua une chanson sur sa flûte et les élèves l'imitèrent. Véronique pratiqua beaucoup et, petit à petit, elle s'améliora. À la fin du cours, tous les élèves pouvaient jouer la chanson.

Véronique était très fière de ce qu'elle avait appris. "J'adore le cours de musique," pensa-t-elle en rangeant sa flûte.

***

Véronique była bardzo podekscytowana swoją lekcją muzyki. Bardzo lubiła uczyć się gry na instrumentach. Dziś jej nauczyciel, pan Blanche, miał ich uczyć grać na flecie.

"Dzień dobry, klaso," powiedział pan Blanche. "Dziś nauczymy się grać na flecie. Każdy z was weźmie flet ze stołu."

Véronique wzięła swój flet i usiadła na krześle. Pan Blanche pokazał im, jak trzymać flet i jak dmuchać, aby wydobyć dźwięk.

"Najpierw, kładziemy palce tutaj i tutaj," wyjaśnił pan Blanche, wskazując otwory w flecie. "Następnie dmuchamy delikatnie."

Véronique próbowała postępować zgodnie z instrukcjami. Na początku nie mogła wydobyć żadnego dźwięku, ale pan Blanche jej pomógł.

"Spróbuj jeszcze raz, Véronique," powiedział pan Blanche. "Pamiętaj, dmuchaj delikatnie."

Véronique spróbowała ponownie i tym razem udało się wydobyć dźwięk. Była bardzo szczęśliwa.

"Bardzo dobrze, Véronique!" powiedział pan Blanche. "Teraz nauczymy się prostej piosenki."

Pan Blanche zagrał piosenkę na swoim flecie, a uczniowie go naśladowali. Véronique dużo ćwiczyła i stopniowo robiła postępy. Pod koniec lekcji wszyscy uczniowie potrafili zagrać piosenkę.

Véronique była bardzo dumna z tego, czego się nauczyła. "Uwielbiam lekcje muzyki," pomyślała, chowając swój flet.

Chapitre 35. Le Nouveau Travail / Nowa Praca

Le premier jour de son nouveau travail, Daniel était très nerveux. Il se leva tôt, mit son plus beau costume et prépara sa mallette. Il prit rapidement son petit-déjeuner, révisant mentalement tout ce qu'il devait emporter.

Après être arrivé au bureau, il fut accueilli par son nouveau patron, Monsieur Roux. "Bienvenue, Daniel," dit Monsieur Roux avec un sourire aimable. Daniel se sentit un peu plus détendu.

Pendant la matinée, Daniel apprit ses tâches et comment utiliser le système de l'entreprise. Simone, une collègue, lui montra comment entrer des données dans l'ordinateur. "Ici, tu dois mettre ton nom d'utilisateur et ton mot de passe," expliqua Simone. Daniel acquiesça, concentré. "Merci, Simone," dit-il.

L'après-midi, il travailla sur son premier projet. Il se sentait un peu perdu au début. Simone remarqua sa difficulté et s'approcha pour l'aider. "C'est dans le dossier des projets, ici," dit-elle en désignant l'écran. "Ah, je vois. Merci encore," dit Daniel, soulagé.

À la fin de la journée, Monsieur Roux s'approcha de Daniel. "Bon travail, Daniel. Je suis sûr que tu seras un excellent membre de l'équipe," dit-il. Daniel rentra chez lui fatigué mais content, sachant qu'avec le temps, il se sentirait plus à l'aise dans son nouveau travail.

***

Pierwszego dnia w nowej pracy Daniel był bardzo zdenerwowany. Wstał wcześnie, założył najlepszy garnitur i przygotował swoją teczkę. Szybko zjadł śniadanie, przeglądając w myślach wszystko, co miał ze sobą zabrać.

Po przybyciu do biura został przywitany przez swojego nowego szefa, pana Rouxa. "Witamy, Danielu" powiedział pan Roux z uprzejmym uśmiechem. Daniel poczuł się trochę bardziej zrelaksowany.

Rano Daniel uczył się swoich obowiązków i jak korzystać z systemu firmowego. Simone, koleżanka z pracy, pokazała mu, jak wprowadzać dane do komputera. "Tutaj musisz wpisać swoją nazwę użytkownika i hasło," wyjaśniła Simone. Daniel skinął głową, skoncentrowany. "Dziękuję, Simone," powiedział.

Po południu pracował nad swoim pierwszym projektem. Na początku czuł się trochę zagubiony. Simone zauważyła jego trudności i podeszła, by mu pomóc. "Jest w folderze z projektami, tutaj," powiedziała, wskazując ekran. "Ach, rozumiem. Jeszcze raz dziękuję," powiedział Daniel z ulgą.

Pod koniec dnia pan Roux podszedł do Daniela. "Dobra robota, Daniel. Jestem pewien, że będziesz wspaniałym członkiem zespołu," powiedział. Daniel wrócił do domu zmęczony, ale zadowolony, wiedząc, że z czasem poczuje się bardziej komfortowo w nowej pracy.

Chapitre 36. Une Journée au Gymnase / Dzień na Siłowni

Éric se réveilla tôt le matin avec une détermination en tête: il allait commencer à prendre soin de sa santé et de sa forme physique. Il décida qu'aujourd'hui serait le jour où il s'inscrirait au gymnase de son quartier.

Après avoir pris un petit-déjeuner nutritif, il s'habilla en tenue de sport et se dirigea vers le gymnase. En entrant, il se sentit un peu nerveux, mais aussi excité de commencer cette nouvelle étape de sa vie.

Un instructeur aimable le salua et le guida à travers le gymnase, lui montrant les différentes machines et équipements d'entraînement. Éric se sentit un peu submergé au début, mais l'instructeur lui expliqua comment utiliser chaque machine de manière sûre et efficace.

Il décida de commencer par un léger échauffement sur le tapis de course. Ensuite, il passa à soulever des poids et à faire des exercices de musculation.

Après une heure d'entraînement intense, Éric se sentit fatigué mais satisfait. Il savait qu'il avait fait un grand pas vers son objectif de rester en forme et en bonne santé.

En sortant du gymnase, il se promit de continuer à y aller régulièrement. Il était excité de voir les changements positifs qui viendraient avec sa nouvelle routine d'exercice.

***

Éric wstał wcześnie rano z determinacją w sercu: postanowił zadbać o swoje zdrowie i kondycję. Zdecydował, że dzisiaj będzie dzień, w którym dołączy do miejscowego klubu fitness.

Po zjedzeniu zdrowego śniadania, założył sportowe ubrania i udał się do klubu. Po wejściu poczuł się lekko zdenerwowany, ale również podekscytowany rozpoczęciem tej nowej przygody.

Przywitał go życzliwy instruktor, który oprowadził go po klubie, pokazując różne maszyny i urządzenia treningowe. Éric na początku czuł się nieco przytłoczony, ale instruktor wyjaśnił mu, jak bezpiecznie i skutecznie korzystać z każdej maszyny.

Postanowił rozpocząć od lekkiego rozgrzewki na bieżni. Następnie przeszedł do podnoszenia ciężarów i wykonywania ćwiczeń siłowych.

Po godzinie intensywnego treningu Éric był zmęczony, ale zadowolony. Wiedział, że zrobił duży krok w kierunku swojego celu, jakim było zachowanie dobrej formy i zdrowia.

Wychodząc z klubu, obiecał sobie, że będzie tu regularnie wracał. Był podekscytowany możliwością obserwowania pozytywnych zmian, jakie niesie za sobą nowa rutyna treningowa.

Chapitre 37. L'Atelier de Photographie / Warsztaty Fotograficzne

Camille a toujours été passionnée par la photographie, alors quand elle a vu une annonce pour des ateliers de photographie dans son quartier, elle a décidé de s'inscrire immédiatement.

Le premier jour de l'atelier, Camille était un peu nerveuse mais aussi excitée d'apprendre quelque chose de nouveau. Avec son appareil photo en main, elle est arrivée sur place et a été accueillie par l'instructeur, qui lui a souri chaleureusement.

Pendant la classe, Camille a appris les bases de la photographie, telles que la composition, l'exposition et la mise au point. Ils ont pratiqué en prenant des photos dans différents endroits et avec différentes lumières.

Au fur et à mesure que la classe avançait, Camille se sentait de plus en plus sûre d'elle et enthousiaste de ses progrès. Elle a commencé à capturer des images créatives et à expérimenter avec différents angles et perspectives. Elle a découvert qu'elle aimait particulièrement photographier la nature et les petits détails souvent négligés.

"Très bien, Camille!", s'est exclamé l'instructeur en voyant l'une de ses photos. "Tu as capturé le moment de manière belle et naturelle."

Camille était très heureuse et fière. À ce moment-là, elle savait qu'elle aimait la photographie et voulait explorer le monde avec son appareil photo. Elle s'imaginait voyager dans des endroits lointains, prendre de belles photos et découvrir différentes cultures.

***

Camille od zawsze interesowała się fotografią, więc gdy zobaczyła ogłoszenie o warsztatach fotograficznych w swojej okolicy, postanowiła się na nie zapisać od razu.

Pierwszego dnia warsztatów, Camille była trochę zdenerwowana, ale też podekscytowana możliwością nauki czegoś nowego. Z aparatem w ręku przybyła na miejsce i została serdecznie przywitana przez instruktora, który uśmiechniętą się przywitał.

W trakcie lekcji, Camille uczyła się podstaw fotografii, takich jak kompozycja, ekspozycja i ostrość. Ćwiczyli robienie zdjęć w różnych miejscach i przy różnych oświetleniach.

W miarę jak lekcja postępowała, Camille czuła się coraz pewniejsza i bardziej podekscytowana swoim postępem. Zaczęła robić kreatywne obrazy i eksperymentować z różnymi kątami i perspektywami. Odkryła, że szczególnie lubi fotografować naturę i małe detale, które często pozostają niezauważone.

"Świetnie, Camille!" wykrzyknął instruktor, widząc jedno z jej zdjęć. "Uchwyciłaś ten moment pięknie i naturalnie".

Camille poczuła się bardzo szczęśliwa i dumna. W tamtej chwili wiedziała, że uwielbia fotografować i chce eksplorować świat ze swoim aparatem. Wyobraziła sobie podróżowanie do odległych miejsc, robienie pięknych zdjęć i poznawanie różnych kultur.

Chapitre 38. Le Cours de Danse / Lekcja Tańca

Ignace avait toujours voulu apprendre à danser, alors il décida de s'inscrire à un cours de danse dans son quartier. Le premier jour de cours, il était un peu nerveux mais très excité.

Lorsqu'il arriva au studio de danse, il fut accueilli par la professeure, Madame Bertrand. "Bonjour, bienvenue à notre cours de danse," dit-elle avec un sourire.

Ignace rejoignit les autres élèves et la classe commença. Madame Bertrand leur enseigna les pas de base de la salsa. "D'abord, nous déplaçons le pied droit vers l'avant, puis le pied gauche vers l'arrière," expliqua-t-elle.

Au début, Ignace se sentait un peu maladroit, mais avec la pratique, il commença à se sentir plus sûr de lui. La musique était joyeuse et tout le monde dans la classe s'amusait beaucoup.

"Très bien, Ignace!" dit Madame Bertrand. "Tu t'améliores à chaque pas."

Après une heure de pratique, Ignace et ses camarades de classe dansèrent ensemble une petite chorégraphie. Ignace se sentit très heureux et fier de ses progrès.

À la fin du cours, Madame Bertrand leur donna quelques recommandations pour continuer à pratiquer à la maison. Ignace quitta le studio fatigué mais très content et impatient de continuer à apprendre à danser.

***

Ignace zawsze chciał nauczyć się tańczyć, więc zdecydował się zapisać na lekcję tańca w swojej okolicy. Pierwszego dnia zajęć był trochę zdenerwowany, ale bardzo podekscytowany.

Kiedy dotarł do studia tańca, powitała go nauczycielka, pani Bertrand. "Cześć, witaj na naszej lekcji tańca," powiedziała z uśmiechem.

Ignace dołączył do innych uczniów i rozpoczęły się zajęcia. Pani Bertrand uczyła ich podstawowych kroków salsy. "Najpierw przesuwamy prawą stopę do przodu, a potem lewą stopę do tyłu," wyjaśniła.

Na początku Ignace czuł się trochę niezręcznie, ale z czasem zaczął czuć się pewniej. Muzyka była radosna i wszyscy na zajęciach świetnie się bawili.

"Świetnie, Ignace!" powiedziała pani Bertrand. "Robisz postępy z każdym krokiem."

Po godzinie ćwiczeń Ignace i jego koledzy z klasy zatańczyli razem krótką choreografię. Ignace poczuł się bardzo szczęśliwy i dumny ze swoich postępów.

Na koniec zajęć pani Bertrand dała im kilka wskazówek, jak ćwiczyć w domu. Ignace opuścił studio zmęczony, ale bardzo zadowolony i pełen chęci do dalszej nauki tańca.

Chapitre 39. Le Premier Jour de Vacances / Pierwszy Dzień Wakacji

Timothée était très excité pour le début des vacances d'été. Il avait attendu ce jour avec impatience. Quand il se réveilla tôt le matin, il sourit en voyant le soleil brillant à travers la fenêtre.

Il descendit prendre son petit-déjeuner avec ses parents et ses frères et sœurs. Sur la table, il y avait des tartines, de la confiture et du jus d'orange. Timothée mangea rapidement parce qu'il était très excité de commencer la journée.

"J'ai beaucoup de plans pour ces vacances", dit Timothée après avoir fini son petit-déjeuner.

Ses parents sourirent. "Qu'as-tu prévu de faire aujourd'hui?" demanda sa mère.

Timothée répondit, "Je veux aller au parc et jouer au football avec mes amis. Ensuite, je vais à la bibliothèque pour emprunter quelques livres."

Après le petit-déjeuner, Timothée enfila ses chaussures de sport et sortit de la maison. Il se rendit d'abord au parc où il joua au football avec ses amis. Ils coururent et rirent beaucoup.

Ensuite, Timothée dit au revoir à ses amis et marcha jusqu'à la bibliothèque. Il aimait lire et voulait trouver de nouveaux livres pour les vacances. À la bibliothèque, il trouva plusieurs livres d'aventures.

Avec son sac à dos rempli de livres, Timothée rentra chez lui. Il s'assit dans le jardin et commença à lire. Il était très heureux et excité par toutes les aventures qui l'attendaient pendant ses vacances.

***

Timothée był bardzo podekscytowany początkiem letnich wakacji. Z niecierpliwością czekał na ten dzień. Kiedy obudził się wcześnie rano, uśmiechnął się, widząc jasne słońce za oknem.

Zszedł na śniadanie z rodzicami i rodzeństwem. Na stole były tosty, dżem i sok pomarańczowy. Timothée jadł szybko, bo był bardzo podekscytowany rozpoczęciem dnia.

"Mam wiele planów na te wakacje," powiedział Timothée po skończeniu śniadania.

Rodzice uśmiechnęli się. "Co planujesz zrobić dzisiaj?" zapytała mama.

Timothée odpowiedział: "Chcę iść do parku i pograć w piłkę nożną z przyjaciółmi. Potem pójdę do biblioteki wypożyczyć kilka książek."

Po śniadaniu Timothée założył buty sportowe i wyszedł z domu. Najpierw poszedł do parku, gdzie grał w piłkę nożną z przyjaciółmi. Biegali i dużo się śmiali.

Następnie Timothée pożegnał się z przyjaciółmi i poszedł do biblioteki. Uwielbiał czytać i chciał znaleźć nowe książki na wakacje. W bibliotece znalazł kilka książek przygodowych.

Z plecakiem pełnym książek Timothée wrócił do domu. Usiadł w ogrodzie i zaczął czytać. Był bardzo szczęśliwy i podekscytowany wszystkimi przygodami, które czekały go w te wakacje.

Chapitre 40. Visite chez les Grands-Parents / Wizyta u Dziadków

Philippe et Monique étaient très excités car ils allaient rendre visite à leurs grands-parents. Ils ont monté dans la voiture et ont commencé leur voyage. En chemin, ils ont chanté des chansons et ont joué à celui qui repérerait le plus de voitures rouges.

Quand ils sont arrivés chez leurs grands-parents, ils ont été accueillis avec des câlins et des baisers. "Quelle joie de vous voir!" a dit la grand-mère. "Nous avons préparé votre plat préféré."

Ils sont entrés dans la maison et se sont assis à table. Il y avait du poulet, du riz, de la salade et un gâteau au chocolat. Philippe et Monique ont mangé avec beaucoup de bonheur.

Après le repas, ils sont sortis dans le jardin pour jouer. Le grand-père leur a montré son jardin rempli de fleurs et de plantes. Philippe et Monique ont aidé à arroser les plantes et ont cueilli quelques fleurs.

"C'est tellement amusant d'être ici," a dit Philippe en jouant avec le chien des grands-parents.

"Oui, j'adore la maison des grands-parents," a répondu Monique.

Ils ont passé l'après-midi à jouer et à discuter avec leurs grands-parents. À la fin de la journée, ils étaient fatigués mais très heureux. "Nous devons revenir bientôt!" a dit Philippe.

"Bien sûr," a dit la grand-mère. "Vous êtes toujours les bienvenus ici."

Ils ont dit au revoir à leurs grands-parents et sont rentrés chez eux. Philippe et Monique se sont endormis rapidement, rêvant de leur prochaine visite chez leurs grands-parents.

*****

Philippe i Monique byli bardzo podekscytowani, ponieważ mieli odwiedzić swoich dziadków. Wsiedli do samochodu i rozpoczęli podróż. W trakcie drogi śpiewali piosenki i grali w grę, kto znajdzie więcej czerwonych samochodów.

Kiedy dotarli do domu dziadków, zostali przywitani uściskami i pocałunkami. "Jak dobrze was widzieć!" powiedziała babcia. "Przygotowaliśmy wasze ulubione jedzenie."

Weszli do domu i usiedli do stołu. Był kurczak, ryż, sałatka i czekoladowe ciasto. Philippe i Monique jedli bardzo szczęśliwi.

Po jedzeniu wyszli do ogrodu, aby się pobawić. Dziadek pokazał im swój ogród pełen kwiatów i roślin. Philippe i Monique pomogli podlać rośliny i zebrali kilka kwiatów.

"Tutaj jest bardzo fajnie," powiedział Philippe, bawiąc się z psem dziadków.

"Tak, uwielbiam dom dziadków," odpowiedziała Monique.

Spędzili popołudnie, bawiąc się i rozmawiając z dziadkami. Pod koniec dnia byli zmęczeni, ale bardzo szczęśliwi. "Musimy wkrótce wrócić!" powiedział Philippe.

"Oczywiście," powiedziała babcia. "Zawsze jesteście tu mile widziani."

Pożegnali się z dziadkami i wrócili do domu. Philippe i Monique szybko zasnęli, marząc o następnej wizycie w domu dziadków.

Exercises

Chapitre 1. Journée à l'École

Répondez aux questions suivantes en choisissant la bonne option.

1. Qu'a mangé Emma pour le petit-déjeuner ?

a) Des céréales

b) Des toasts avec de la confiture et du lait chaud

c) Du pain avec du beurre

2. Qui a préparé le petit-déjeuner ?

a) Emma

b) Sa sœur

c) Sa mère

3. Quel était le premier cours d'Emma ?

a) Sciences naturelles

b) Lecture

c) Mathématiques

4. Que ont fait Emma et ses amis pendant la récréation ?

a) Ils ont joué à la marelle et pris une collation

b) Ils ont joué au football

c) Ils ont étudié à la bibliothèque

5. Qui attendait Emma après l'école ?

a) Son père

b) Sa mère

c) Sa grand-mère

Chapitre 2. Une Promenade dans le Parc

Complétez les phrases suivantes en utilisant les mots qui manquent.

1. Olivia et sa maman ont marché jusqu'au ______ voisin.

a) parc

b) plage

c) supermarché

2. Elles ont vu de petits enfants jouer sur les ______.

a) voitures

b) balançoires

c) livres

3. La maman montra un ______ grimpant sur un grand chêne.

a) papillon

b) écureuil

c) chien

4. Olivia observe le petit _______ se déplacer avec agilité.

a) fleur

b) enfants

c) animal

5. Le parfum des _______ printanières imprégnait l'air frais.

a) fleurs

b) fruits

c) feuilles

Chapitre 3. Faire les Courses au Supermarché

Lis les phrases suivantes et détermine si elles sont vraies ou fausses.

1. Sacha a acheté des pommes vertes au supermarché.

2. Sacha a choisi de prendre du poulet, du bœuf et des saucisses dans le rayon viande.

3. Dans le rayon produits laitiers, Sacha a acheté du lait, du fromage et du yaourt à la fraise.

4. Sacha a payé ses achats en espèces.

5. Sacha était triste après ses courses.

Chapitre 4. La Famille de Corentin

Reliez les parties suivantes des phrases pour former des phrases cohérentes.

1. Corentin a une famille...

2. Noé est grand et...

3. Ambre est professeure et...

4. Sophie est une fille...

5. Anaïs est la grand-mère de Corentin et...

a) elle a toujours le sourire aux lèvres.

b) petite mais heureuse.

c) a les cheveux noirs courts.

d) très énergique et curieuse.

e) une excellente cuisinière.

Chapitre 5. L'Anniversaire de Nathan

Complétez les phrases avec les mots fournis. Mots: amis, heureux, anniversaire, gâteau, cadeaux.

1. Nathan est très excité parce qu'aujourd'hui, c'est son __________.

2. La maman de Nathan a acheté un grand __________ au chocolat.

3. Tous les ___________ de Nathan de l'école sont venus à la fête.

4. Les invités lui ont donné des ___________ emballés dans des papiers brillants.

5. Nathan était très ___________ d'avoir des amis aussi formidables.

Chapitre 6. Une Journée à la Plage

Arrangez les mots suivants pour former des phrases complètes.

1. elle / un / a / dos / préparé / à / sac

2. sable / chaud / le / très / était

3. poursuivre / ils / se / ont / à / joué

4. l'après-midi / ont / bronzer / ils / passé / à

5. journée / à / belle / la / une / plage

Chapitre 7. À la Gare

Mettez les phrases dans le bon ordre chronologique.

a) La famille marche jusqu'au quai pour attendre leur train.

b) Amélie se réveille tôt et s'habille avec des vêtements confortables.

c) Amélie et Daniel se divertissent en comptant les wagons du train.

d) La famille entend un fort coup de sifflet et le train commence à bouger.

e) Papa achète les billets au guichet.

Chapitre 8. Mon Animal de Compagnie

Complétez les phrases avec les formes appropriées des verbes.

1. Coco (avoir) _____________ le pelage court de couleur marron foncé.

2. Il (venir) _____________ toujours me saluer joyeusement en remuant la queue.

3. Coco (ramener) _____________ une balle rouge dans le parc et me la relance.

4. Parfois, il ronfle et remue les pattes comme s'il _____________ de poursuivre.

5. Je ne (pouvoir) _____________ pas imaginer ma vie sans Coco.

Chapitre 9. Une Journée Pluvieuse

Répondez aux questions suivantes en choisissant la bonne option.

1. Quel type de journée est-ce aujourd'hui?

a) Ensoleillée

b) Nuageuse

c) Pluvieuse

2. Où maman a-t-elle mis les livres et les jeux?

a) Dans le salon

b) Dans le jardin

c) Dans le garage

3. Que choisit de faire le narrateur?

a) Jouer dehors sous la pluie

b) Lire un livre de contes de fées

c) Jouer aux échecs avec Chloé

4. Que fait maman pendant que les enfants lisent et jouent?

a) Elle dort dans sa chambre

b) Elle regarde la télé

c) Elle cuisine quelque chose de délicieux dans la cuisine

5. Comment se sentent les enfants à la fin de la journée

pluvieuse?

a) Ennuyés

b) Heureux d'être ensemble

c) Tristes de ne pas pouvoir sortir

Chapitre 10. Le Dîner à la Maison

Complétez les phrases suivantes en utilisant les mots qui manquent.

1. Eliott était excité parce qu'il aime vraiment être dans la
______.

a) cuisine

b) salon

c) jardin

2. Au supermarché, ils ont acheté ______ pour la salade.

a) des pommes

b) des pommes de terre et des oignons

c) de la laitue, des tomates, des carottes et des concombres

3. Papa a assaisonné le poulet avec ______, du poivre et un peu
de citron.

a) du sel

b) du sucre

c) de la farine

4. Maman a cuisiné le riz dans une ______ casserole.

a) moyenne

b) grande

c) petite

5. Eliott a aidé à servir la salade et ______.

a) la soupe

b) le riz

c) les légumes

Chapitre 11. Visite au Zoo

Lis les phrases suivantes et détermine si elles sont vraies ou

fausses.

1. Adam et Jules ont visité le zoo de Paris un samedi matin.

2. La première chose qu'ils ont vue, c'étaient les lions se

reposant sous le soleil.

3. Jules a dit que les éléphants ressemblaient à des maisons

ambulantes.

4. Les singes se comportaient comme des enfants jouant dans

un parc.

5. Adam a regardé fasciné les tigres dans la volière.

Chapitre 12. Une Journée à la Montagne

Reliez les parties suivantes des phrases pour former des phrases cohérentes.

1. Léo et sa famille...

2. Léo a préparé...

3. Léo a ramassé...

4. Ils ont apprécié la vue...

5. Ils sont restés un peu plus longtemps...

a) quelques fleurs sauvages.

b) sur les montagnes majestueuses.

c) ont décidé de partir en randonnée.

d) à profiter du paysage.

e) son sac à dos.

Chapitre 13. Mon Meilleur Ami

Complétez les phrases avec les mots fournis. Mots: football, imagination, inséparables, aventures, vélo.

1. Alexandre et moi sommes ___________ depuis que nous nous sommes rencontrés à l'école.

2. Nous aimons jouer au ___________ et nous entraîner dans le parc.

3. Nous aimons explorer le quartier à la recherche d'_________.

4. Nous faisons souvent du _________ sur les sentiers de la forêt voisine.

5. Nous créons des choses avec des blocs, laissant notre _________ s'envoler.

Chapitre 14. La Fête dans le Quartier

Arrangez les mots suivants pour former des phrases complètes.

1. amusante / lieu / a / une / très / fête / eu

2. gens / arriver / au / les / commencé / parc / ont / à

3. la / s'est / intensifiée / musique

4. ri / tous / nous / beaucoup / avons

5. excellente / une / occasion / c'était

Chapitre 15. La Visite chez le Médecin

Mettez les phrases dans le bon ordre chronologique.

a) Le docteur Martin a écouté la poitrine de Tom avec le stéthoscope.

b) Tom et son père sont arrivés au cabinet du médecin.

c) Tom est resté à la maison et a suivi les instructions du médecin.

d) Le père de Tom a appelé le cabinet du médecin et a obtenu un rendez-vous.

e) Le docteur a donné une sucette à Tom pour avoir été un bon patient.

Chapitre 16. Le Match de Football

Complétez les phrases avec les formes appropriées des verbes.

1. Hugo est (arriver) _____________ le premier et a marqué le terrain

2. Les garçons (être) _____________ très heureux et pleins d'énergie.

3. Hugo (courir) _____________ vite avec le ballon, évitant les adversaires.

4. Simon et Baptiste ont également très bien (jouer) _____________.

5. Ils ont partagé des boissons et des snacks, en (rire) _____________ des meilleurs moments.

Chapitre 17. Ma Chambre

Répondez aux questions suivantes en choisissant la bonne option.

1. Quelle est la couleur des murs de la chambre?

a) Bleu clair

b) Moreau

c) Jaune

2. Où se trouve le bureau?

a) À côté du lit

b) Près de la fenêtre

c) En face de l'armoire

3. Qu'est-ce qu'il y a sur la table de nuit?

a) Des vêtements et des chaussures

b) Un livre et une lampe de lecture

c) Des jouets et des figurines

4. Où le narrateur s'assoit-il pour lire ou écouter de la musique?

a) Sur le lit

b) Dans l'armoire

c) Dans un fauteuil dans le coin

5. Qu'est-ce que le narrateur aime le plus dans sa chambre?

a) La grande armoire

b) Les étagères avec des livres

c) Le sentiment de tranquillité qu'elle procure

Chapitre 18. Un Voyage en Avion

Complétez les phrases suivantes en utilisant les mots qui manquent.

1. Anaïs était excitée mais aussi un peu ______.

a) nerveuse

b) heureuse

c) fatiguée

2. À l'aéroport de Paris, il y avait beaucoup de monde qui ______.

a) mangeaient

b) jouaient

c) allaient

3. Anaïs s'est assise près de la fenêtre et a attaché la ______.

a) ceinture de sécurité

b) porte

c) passeport

4. En dessous d'eux, les maisons et les rues semblaient minuscules comme les ______.

a) voitures

b) jouets

c) bâtiments

5. Anaïs se sentait comme un _______ planant dans le ciel.

a) avion

b) oiseau

c) bateau

Chapitre 19. Mon Cours d'Espagnol

Lis les phrases suivantes et détermine si elles sont vraies ou fausses.

1. Le nom de la professeure d'espagnol est Madame Bertrand.

2. Il y a douze étudiants dans la classe.

3. Charlotte est très bonne en prononciation.

4. Les cours d'espagnol sont les lundis et mercredis.

5. Ils commencent toujours la classe par un jeu en espagnol.

Chapitre 20. La Bibliothèque

Reliez les parties suivantes des phrases pour former des phrases cohérentes.

1. Gabriel est allé à la bibliothèque...

2. Madame Dubois l'aide toujours...

3. D'abord, il est allé dans...

4. Gabriel s'est assis et...

5. La bibliothèque est...

a) a commencé à lire le livre.

b) la section aventure.

c) un endroit magique pour Gabriel.

d) le samedi matin.

e) à trouver de bons livres.

Chapitre 21. Une Après-midi au Cinéma

Complétez les phrases avec les mots fournis. Mots: sièges, cinéma, amis, pop-corn, scènes.

1. Léna et ses ___________ ont décidé d'aller au cinéma.

2. Ils ont acheté du ___________, des boissons et des bonbons.

3. Ils ont cherché leurs ___________ et se sont installés

confortablement.

4. Le film était très excitant et avait beaucoup de ___________

d'action.

5. Ils ont sont sortis du ___________ en parlant de leurs scènes

préférées.

Chapitre 22. Le Festival de Musique

Arrangez les mots suivants pour former des phrases complètes.

1. était / Alice / par / festival / le / excitée

2. voir / groupe / elle / de / pop / allée / un / est

3. ils / les / souvenirs / visité / ont / boutiques / de

4. le / concert / meilleur / dernier / le / était

5. incroyable / ce / une / fut / expérience

Chapitre 23. Une Balade à Vélo

Mettez les phrases dans le bon ordre chronologique.

a) Ils changèrent de direction et prirent le chemin de terre.

b) Ils montèrent sur leurs vélos et commencèrent leur aventure.

c) Raphaël et son papa ont décidé de faire une balade à vélo.

d) Raphaël vit un chemin de terre qui semblait intéressant.

e) Ils découvrirent une belle forêt remplie d'oiseaux chantants et de petits ruisseaux.

Chapitre 24. Le Cours d'Art

Complétez les phrases avec les formes appropriées des verbes.

1. Quand Juliette est (arriver) ___________, elle a vu de nombreuses peintures sur les tables.

2. Aujourd'hui, nous (aller) _____________ peindre un paysage.

3. Le cours est (passer) ___________ rapidement et tous ont créé de beaux paysages.

4. J' (aimer) ___________ beaucoup ta peinture, Juliette.

5. À la fin du cours, tout le monde a (montrer) ___________ ses peintures.

Chapitre 25. Un Jour de Neige

Répondez aux questions suivantes en choisissant la bonne option.

1. Qu'est-ce que Paul a fait d'abord lorsqu'il est sorti dans le jardin?

a) Il a fait des boules de neige

b) Il a fait un bonhomme de neige

c) Il a joué avec Lucas

2. Qu'est-ce que Paul a utilisé pour le nez du bonhomme de neige?

a) Une carotte

b) Une pierre

c) Un bouton

3. Qui est arrivé pendant que Paul faisait le bonhomme de neige?

a) Sa maman

b) Son frère

c) Son ami Lucas

4. Que ont fait Paul et Lucas avec le bonhomme de neige?

a) Ils ont mis des boutons pour la bouche

b) Ils ont mis des pierres pour les yeux

c) Ils ont mis une écharpe sur le bonhomme de neige

5. Qu'est-ce que la maman de Paul leur a donné quand ils sont rentrés à la maison?

a) Des cookies

b) Du jus d'orange

c) Du chocolat chaud

Chapitre 26. Le Musée d'Histoire

Complétez les phrases suivantes en utilisant les mots qui manquent.

1. Victor a visité le musée d'histoire avec sa ______.

a) famille

b) classe

c) ami

2. Monsieur Lefevre les a d'abord emmenés dans la salle des
_____.

a) anciens Égyptiens

b) Moyen Âge

c) dinosaures

3. Dans la salle des anciens Égyptiens, ils ont vu des momies et
des _____.

a) pyramides

b) sarcophages

c) châteaux

4. Au Moyen Âge, les châteaux servaient de _____.

a) forteresses

b) tombes

c) musées

5. À la fin de la visite, Victor était _____.

a) fatigué

b) triste

c) content

Chapitre 27. Mon Petit-Déjeuner Préféré

Lis les phrases suivantes et détermine si elles sont vraies ou fausses.

1. Le petit-déjeuner préféré du narrateur est végétalien.

2. Une banane est toujours ajoutée au petit-déjeuner.

3. Le narrateur ajoute des fraises fraîches et des myrtilles.

4. Le petit-déjeuner comprend des flocons d'avoine.

5. Le petit-déjeuner n'a jamais de graines de chia.

Chapitre 28. Une Journée à la Campagne

Reliez les parties suivantes des phrases pour former des phrases cohérentes.

1. Émilie s'est réveillée tôt...

2. Quand ils sont arrivés à la campagne...

3. Émilie et sa famille ont marché...

4. À midi, ils se sont assis...

5. Émilie a joué avec...

a) sous un grand arbre pour déjeuner.

b) Émilie a vu beaucoup d'animaux.

c) et était très excitée

d) son petit frère.

e) le long d'un sentier dans la forêt.

Chapitre 29. La Visite chez le Dentiste

Complétez les phrases avec les mots fournis. Mots: rendez-vous, jouets, chaise, dents, brosse à dents.

1. Mathis avait un _____________ chez le dentiste.

2. Dans la salle d'attente, Mathis a vu quelques ___________.

3. Le Dr Leroy a tout expliqué pendant que Mathis était assis dans la grande ___________.

4. Le Dr Leroy a dit que les ___________ de Mathis étaient en très bon état.

5. Après l'examen, le Dr Leroy a donné à Mathis une nouvelle ___________.

Chapitre 30. La Foire aux Livres

Arrangez les mots suivants pour former des phrases complètes.

1. chercher / nouveaux / allons / livres / quelques

2. a / vu / sur / dinosaures / Pierre / un / livre / les

3. ils / marcher / foire / dans / la / à / continuèrent

4. trouva / un / d'aventures / livre / elle

5. l'année / je / prochaine / revenir / veux

Chapitre 31. Une Promenade dans le Centre-Ville

Mettez les phrases dans le bon ordre chronologique.

a) Claude est allé à un café.

b) Claude a vu son ami Adrien.

c) Claude a décidé de visiter un musée.

d) Claude a marché dans les rues pleines de magasins.

e) Claude a visité une librairie.

Chapitre 32. Une Journée à l'Océanarium

Complétez les phrases avec les formes appropriées des verbes.

1. Mathilde et ses amis (décider) ___________ d'aller à

l'océanarium.

2. Ils observer comment les poissons se (déplacer)

___________.

3. Mathilde (s'exclamer) ___________ en montrant les poissons

nageant.

4. Mathilde et ses amis (s'asseoir) ___________ ensemble.

5. Ils avaient (passer) ___________ une journée incroyable.

Chapitre 33. La Fête de Fin d'Année

Répondez aux questions suivantes en choisissant la bonne option.

1. Que faisaient Pauline et Alphonse avant l'arrivée de leurs amis?

a) Dormir

b) Décorer et préparer la musique

c) Cuisiner

2. Qui a apporté de la nourriture et des boissons à la fête?

a) Pauline et Alphonse

b) Les voisins

c) Éva, François, Bernadette, et Hubert

3. Que faisait tout le monde juste avant minuit?

a) Allaient dormir

b) Regardaient le compte à rebours à la télévision

c) Sortaient dans le jardin

4. Que faisait tout le monde à minuit?

a) Mangeaient des raisins et s'embrassaient

b) Rentrer chez eux

c) Allumaient les lumières

5. Comment se sentaient Pauline et Alphonse à la fin de la fête ?

a) Tristes

b) Fatigués

c) Très heureux

Chapitre 34. Le Cours de Musique

Complétez les phrases suivantes en utilisant les mots qui manquent.

1. Véronique était très excitée par son cours de ______.

a) mathématiques

b) musique

c) sciences

2. M. Blanche allait leur apprendre à jouer de la ______.

a) guitare

b) batterie

c) flûte

3. M. Blanche montra aux élèves comment ______ la flûte.

a) tenir

b) nettoyer

c) peindre

4. Véronique essaya de suivre les _______ de M. Blanche.

a) règles

b) instructions

c) questions

5. À la fin du cours, tous les élèves pouvaient _______ une

chanson.

a) jouer

b) dessiner

c) danser

Chapitre 35. Le Nouveau Travail

Lis les phrases suivantes et détermine si elles sont vraies ou

fausses.

1. Daniel est arrivé en retard le premier jour de son travail.

2. Le patron de Daniel s'appelle Monsieur Roux.

3. Simone est une collègue qui a aidé Daniel.

4. Pendant la matinée, Daniel a travaillé sur son premier projet.

5. À la fin de la journée, Daniel est rentré chez lui heureux.

Chapitre 36. Une Journée au Gymnase

Reliez les parties suivantes des phrases pour former des phrases cohérentes.

1. Éric se réveilla tôt le matin avec...

2. Un instructeur aimable le salua...

3. Éric décida de commencer par...

4. Éric passa à soulever des poids...

5. Éric se sentit fatigué...

a) un léger échauffement.

b) une détermination en tête.

c) mais satisfait.

d) et le guida à travers le gymnase.

e) et à faire des exercices de musculation.

Chapitre 37. L'Atelier de Photographie

Complétez les phrases avec les mots fournis. Mots: belle, composition, photographie, voyager, nature.

1. Quand Camille a vu l'annonce pour des ateliers de ___________, elle a décidé de s'inscrire immédiatement.

2. Pendant la classe, Camille a appris les bases de la photographie, comme la ___________ et l'exposition.

3. Camille a découvert qu'elle aimait prendre la __________ et les petits détails.

4. L'instructeur a félicité Camille pour avoir capturé le moment de manière __________ et naturelle.

5. Camille s'imaginait __________ dans des endroits lointains et prendre des photos.

Chapitre 38. Le Cours de Danse

Arrangez les mots suivants pour former des phrases complètes.

1. notre / danse / à / de / bienvenue / cours

2. sentait / peu / Ignace / maladroit / se / un

3. t'améliores / pas / tu / à / chaque

4. ils / petite / ensemble / dansèrent / chorégraphie / une

5. le / mais / quitta / content / il / fatigué / studio

Chapitre 39. Le Premier Jour de Vacances

Mettez les phrases dans le bon ordre chronologique.

a) Timothée mangea des tartines et de la confiture pour le petit-déjeuner.

e) Timothée se réveilla tôt et sourit en voyant le soleil à travers la fenêtre.

c) Timothée joua au football avec ses amis au parc.

d) Timothée marcha jusqu'à la bibliothèque pour emprunter des livres.

b) Timothée s'assit dans le jardin et commença à lire.

Chapitre 40. Visite chez les Grands-Parents

Complétez les phrases avec les formes appropriées des verbes.

1. 1. Ils ont (monter) _____________ dans la voiture et ont commencé leur voyage.

2. Ils ont joué à celui qui (repérer) _____________ le plus de voitures rouges.

3. Les enfants ont (manger) _____________ avec beaucoup de bonheur.

4. Philippe et Monique ont (cueillir) _____________ des fleurs.

5. Ils ont (dire) _____________ au revoir à leurs grands-parents.

Solutions

Chapitre 1. Journée à l'École

1. b) Des toasts avec de la confiture et du lait chaud

2. c) Sa mère

3. c) Mathématiques

4. a) Ils ont joué à la marelle et pris une collation

5. b) Sa mère

Chapitre 2. Une Promenade dans le Parc

1. a) parc

2. b) balançoires

3. b) écureuil

4. c) animal

5. a) fleurs

Chapitre 3. Faire les Courses au Supermarché

1. Faux (Sacha a acheté des pommes rouges.)

2. Vrai

3. Vrai

4. Faux (Sacha a payé avec sa carte de débit.)

5. Faux (Sacha a quitté le supermarché heureux.)

Chapitre 4. La Famille de Corentin

1. b) Corentin a une famille petite mais heureuse.

2. c) Noé est grand et a les cheveux noirs courts.

3. e) Ambre est professeure et une excellente cuisinière.

4. d) Sophie est une fille très énergique et curieuse.

5. a) Anaïs est la grand-mère de Corentin et elle a toujours le sourire aux lèvres.

Chapitre 5. L'Anniversaire de Nathan

1. anniversaire

2. gâteau

3. amis

4. cadeaux

5. heureux

Chapitre 6. Une Journée à la Plage

1. Elle a préparé un sac à dos.

2. Le sable était très chaud.

3. Ils ont joué à se poursuivre.

4. Ils ont passé l'après-midi à bronzer.

5. Une belle journée à la plage.

Chapitre 7. À la Gare

1. b) Amélie se réveille tôt et s'habille avec des vêtements confortables.

2. e) Papa achète les billets au guichet.

3. a) La famille marche jusqu'au quai pour attendre leur train.

4. c) Amélie et Daniel se divertissent en comptant les wagons du train.

5. d) La famille entend un fort coup de sifflet et le train commence à bouger.

Chapitre 8. Mon Animal de Compagnie

1. a

2. vient

3. ramène

4. rêvait

5. peux

Chapitre 9. Une Journée Pluvieuse

1. c) Pluvieuse

2. a) Dans le salon

3. b) Lire un livre de contes de fées

4. c) Elle cuisine quelque chose de délicieux dans la cuisine

5. b) Heureux d'être ensemble

Chapitre 10. Le Dîner à la Maison

1. a) cuisine

2. c) de la laitue, des tomates, des carottes et des concombres

3. a) du sel

4. b) grande

5. b) le riz

Chapitre 11. Visite au Zoo

1. Faux (Adam et Jules ont visité le zoo de Paris un dimanche matin.)

2. Vrai

3. Vrai

4. Vrai

5. Faux (Adam a regardé fasciné les perroquets dans la volière.)

Chapitre 12. Une Journée à la Montagne

1. c) Léo et sa famille ont décidé de partir en randonnée.

2. e) Léo a préparé son sac à dos.

3. a) Léo a ramassé quelques fleurs sauvages.

4. b) Ils ont apprécié la vue sur les montagnes majestueuses.

5. d) Ils sont restés un peu plus longtemps à profiter du paysage.

Chapitre 13. Mon Meilleur Ami

1. inséparables

2. football

3. aventures

4. vélo

5. imagination

Chapitre 14. La Fête dans le Quartier

1. Une fête très amusante a eu lieu.

2. Les gens ont commencé à arriver au parc.

3. La musique s'est intensifiée.

4. Nous avons tous beaucoup ri.

5. C'était une excellente occasion.

Chapitre 15. La Visite chez le Médecin

1. d) Le père de Tom a appelé le cabinet du médecin et a obtenu un rendez-vous.

2. b) Tom et son père sont arrivés au cabinet du médecin.

3. a) Le docteur Martin a écouté la poitrine de Tom avec le stéthoscope.

4. e) Le docteur a donné une sucette à Tom pour avoir été un bon patient.

5. c) Tom est resté à la maison et a suivi les instructions du médecin.

Chapitre 16. Le Match de Football

1. arrivé

2. étaient

3. courait

4. joué

5. riant

Chapitre 17. Ma Chambre

1. a) Bleu clair

2. b) Près de la fenêtre

3. b) Un livre et une lampe de lecture

4. c) Dans un fauteuil dans le coin

5. c) Le sentiment de tranquillité qu'elle procure

Chapitre 18. Un Voyage en Avion

1. a) nerveuse

2. c) allaient

3. a) ceinture de sécurité

4. b) jouets

5. b) oiseau

Chapitre 19. Mon Cours d'Espagnol

1. Faux (Le nom de la professeure d'espagnol est Madame Bernard.)

2. Faux (Il y a dix étudiants dans la classe.)

3. Vrai

4. Faux (Les cours d'espagnol sont les mardis et jeudis.)

5. Vrai

Chapitre 20. La Bibliothèque

1. d) Gabriel est allé à la bibliothèque le samedi matin.

2. e) Madame Dubois l'aide toujours à trouver de bons livres.

3. b) D'abord, il est allé dans la section aventure.

4. a) Gabriel s'est assis et a commencé à lire le livre.

5. c) La bibliothèque est un endroit magique pour Gabriel.

Chapitre 21. Une Après-midi au Cinéma

1. amis

2. pop-corn

3. sièges

4. scènes

5. cinéma

Chapitre 22. Le Festival de Musique

1. Alice était excitée par le festival.

2. Elle est allée voir un groupe de pop.

3. Ils ont visité les boutiques de souvenirs.

4. Le dernier concert était le meilleur.

5. Ce fut une expérience incroyable.

Chapitre 23. Une Balade à Vélo

1. c) Raphaël et son papa ont décidé de faire une balade à vélo.

2. b) Ils montèrent sur leurs vélos et commencèrent leur aventure.

3. d) Raphaël vit un chemin de terre qui semblait intéressant.

4. a) Ils changèrent de direction et prirent le chemin de terre.

5. e) Ils découvrirent une belle forêt remplie d'oiseaux chantants et de petits ruisseaux.

Chapitre 24. Le Cours d'Art

1. arrivée

2. allons

3. passé

4. aime

5. montré

Chapitre 25. Un Jour de Neige

1. b) Il a fait des boules de neige

2. a) Une carotte

3. c) Son ami Lucas

4. a) Ils ont mis des boutons pour la bouche

5. c) Du chocolat chaud

Chapitre 26. Le Musée d'Histoire

1. b) classe

2. c) dinosaures

3. b) sarcophages

4. a) forteresses

5. c) content

Chapitre 27. Mon Petit-Déjeuner Préféré

1. Vrai

2. Faux (Parfois, deux bananes sont utilisées si on a très faim.)

3. Vrai

4. Vrai

5. Faux (Parfois, quelques graines de chia sont également ajoutées par-dessus.)

Chapitre 28. Une Journée à la Campagne

1. c) Émilie s'est réveillée tôt et était très excitée.

2. b) Quand ils sont arrivés à la campagne, Émilie a vu beaucoup d'animaux.

3. e) Émilie et sa famille ont marché le long d'un sentier dans la forêt.

4. a) À midi, ils se sont assis sous un grand arbre pour déjeuner.

5. d) Émilie a joué avec son petit frère.

Chapitre 29. La Visite chez le Dentiste

1. rendez-vous

2. jouets

3. chaise

4. dents

5. brosse à dents

Chapitre 30. La Foire aux Livres

1. Allons chercher quelques nouveaux livres.

2. Pierre a vu un livre sur les dinosaures

3. Ils continuèrent à marcher dans la foire.

4. Elle trouva un livre d'aventures.

5. Je veux revenir l'année prochaine.

Chapitre 31. Une Promenade dans le Centre-Ville

1. d) Claude a marché dans les rues pleines de magasins.

2. e) Claude a visité une librairie.

3. b) Claude a vu son ami Adrien.

4. a) Claude est allé à un café.

5. c) Claude a décidé de visiter un musée.

Chapitre 32. Une Journée à l'Océanarium

1. décidèrent

2. déplaçaient

3. s'exclama

4. s'assirent

5. passé

Chapitre 33. La Fête de Fin d'Année

1. b) Décorer et préparer la musique

2. c) Éva, François, Bernadette, et Hubert

3. b) Regardaient le compte à rebours à la télévision

4. a) Mangeaient des raisins et s'embrassaient

5. c) Très heureux

Chapitre 34. Le Cours de Musique

1. b) musique

2. c) flûte

3. a) tenir

4. b) instructions

5. a) jouer

Chapitre 35. Le Nouveau Travail

1. Faux (Daniel est arrivé tôt le premier jour de son travail.)

2. Vrai

3. Vrai

4. Faux (L'après-midi, Daniel a travaillé sur son premier projet.)

5. Vrai

Chapitre 36. Une Journée au Gymnase

1. b) Éric se réveilla tôt le matin avec une détermination en tête.

2. d) Un instructeur aimable le salua et le guida à travers le gymnase.

3. a) Éric décida de commencer par un léger échauffement.

4. e) Éric passa à soulever des poids et à faire des exercices de musculation.

5. c) Éric se sentit fatigué mais satisfait.

Chapitre 37. L'Atelier de Photographie

1. photographie

2. composition

3. nature

4. belle

5. voyager

Chapitre 38. Le Cours de Danse

1. Bienvenue à notre cours de danse.

2. Ignace se sentait un peu maladroit.

3. Tu t'améliores à chaque pas.

4. Ils dansèrent ensemble une petite chorégraphie.

5. Il quitta le studio fatigué mais content.

Chapitre 39. Le Premier Jour de Vacances

1. e) Timothée se réveilla tôt et sourit en voyant le soleil à travers la fenêtre.

2. a) Timothée mangea des tartines et de la confiture pour le petit-déjeuner.

3. c) Timothée joua au football avec ses amis au parc.

4. d) Timothée marcha jusqu'à la bibliothèque pour emprunter des livres.

5. b) Timothée s'assit dans le jardin et commença à lire.

Chapitre 40. Visite chez les Grands-Parents

1. monté

2. repérerait

3. mangé

4. cueilli

5. dit

www.ingramcontent.com/pod-product-compliance
Lightning Source LLC
Chambersburg PA
CBHW072228150726
48002CB00005B/1992